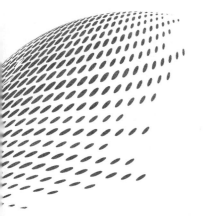

大学思政研究丛书

·西南科技大学"三全育人"综合改革和课程思政教育教学改革资助项目：构建"铸魂·领航"三全育人"一核五链"模式综合改革创新与实践（项目编号：20szzx02）
·西南科技大学"思想的力量"辅导员工作室资助项目

生态文明视阈下大学文化发展研究

廖成中　陈晓燕　刘皓月　李星环●著

SHENGTAI WENMING SHIYU XIA
DAXUE WENHUA FAZHAN YANJIU

四川大学出版社
SICHUAN UNIVERSITY PRESS

图书在版编目（CIP）数据

生态文明视阈下大学文化发展研究 ／ 廖成中等著
. 一 成都：四川大学出版社，2023.8
（大学思政研究丛书）
ISBN 978-7-5690-6276-2

Ⅰ．①生… Ⅱ．①廖… Ⅲ．①高等学校－校园文化－
研究－中国 Ⅳ．① G647

中国国家版本馆 CIP 数据核字（2023）第 148883 号

书　　　名：生态文明视阈下大学文化发展研究
　　　　　　Shengtai Wenming Shiyu xia Daxue Wenhua Fazhan Yanjiu
著　　　者：廖成中　陈晓燕　刘皓月　李星环
丛 书 名：大学思政研究丛书

丛书策划：庞国伟　梁　平
选题策划：王　睿　梁　平
责任编辑：王　睿
责任校对：周　颖
装帧设计：裴菊红
责任印制：王　炜

出版发行：四川大学出版社有限责任公司
　　　　　地址：成都市一环路南一段 24 号（610065）
　　　　　电话：（028）85408311（发行部）、85400276（总编室）
　　　　　电子邮箱：scupress@vip.163.com
　　　　　网址：https://press.scu.edu.cn
印前制作：四川胜翔数码印务设计有限公司
印刷装订：四川盛图彩色印刷有限公司

成品尺寸：170mm×240mm
印　　张：11.25
字　　数：213 千字

版　　次：2023 年 8 月 第 1 版
印　　次：2023 年 8 月 第 1 次印刷
定　　价：68.00 元

本社图书如有印装质量问题，请联系发行部调换

扫码获取数字资源

四川大学出版社
微信公众号

前　　言

工业文明时代，随着科学技术的进步与新的生产工具不断发明，生产力得到极大发展，但同时，由于人类对大自然的认识不足，对其进行掠夺式开发利用，使得人类赖以生存的自然环境不断遭受破坏，最终导致出现生态环境问题。为了应对全球环境问题，世界各国都在为解决这一威胁人类生存的问题探寻路径。其中，通过教育的方式解决环境问题越来越受到人们的重视。1948年，世界自然保护联盟（IUCN）在巴黎会议首次提出了"环境教育"的概念。1972年，在第一次国际环境大会（斯德哥尔摩会议）上，环境教育受到参会各国政府的重视，并纳入教育政策加以实施。1992年，在巴西里约热内卢召开的联合国环境与发展大会通过《21世纪议程》这一重要文件，肯定了教育在应对环境危机、解决环境问题时的重要作用。在我国，高等学校（以下简称高校）承担着人才培养、科学研究、社会服务、文化传承与创新、国际合作交流的五大职能，肩负着为人民服务，为中国共产党治国理政服务，为巩固和发展中国特色社会主义制度服务，为改革开放和社会主义现代化建设服务的重要使命。在生态文明建设不断深入推进、绿色发展理念不断深入落实、美丽中国建设不断取得成效的新征程中，高校坚持以习近平生态文明思想为指导，将绿色发展理念贯穿于教育教学改革全过程，是高校服务生态文明建设应该有的责任与担当。因此，深入研究大学文化与生态文化的融合，着力建设大学生态文化是内在所然、时代所需、发展之要。

生态文明建设是关系中华民族永续发展的根本大计，也关系人类文明的存续与发展。高校作为培养中国特色社会主义事业建设者和接班人的重要阵地，通过培养具有良好生态素养的高素质人才，对加快推进生态文明建设起着重要的作用，这也是高校落实立德树人根本任务的重要体现。"人终于成为自己的社会结合的主人，从而也就成为自然界的主人，成为自身的主人——自由的人。"[①]

---

① 中共中央马克思恩格斯列宁斯大林著作编译局：《马克思恩格斯选集》（第三卷），人民出版社，1995年，第760页。

在培养具有良好生态素养、高素质人才的发展定位中，需要这个"自由的人"的基本规定。对此，马克思提出了更有说服力的观点，他认为人的自由全面发展应该是"人以一种全面的方式，也就是说，作为一个完整的人，占有自己的全面的本质"①。人的发展应与社会发展的需求相统一。当今社会，经济、政治、文化和生态的发展，都是为了更好地满足人的需求，根本目的都是促进人的全面发展。在加快推进生态文明建设的要求下，培养具有良好生态素养的高素质人才，最大限度上满足了人的全面发展在中国特色社会主义新时代的价值诉求。因此，培养并提升大学生的生态素养，应纳入人—自然—社会的总体关系范畴中，并与人的全面发展相结合，统一于生态文明建设实践。

培养具有良好生态素养的高素质人才是高质量发展的需要。高质量发展是全面建设社会主义现代化国家的首要任务，也是创新、协调、绿色、开放、共享五大新发展理念的集中表达。随着生态文明建设的不断推进，实现绿色发展迫切需要更多具有良好生态素养的高素质人才，也需要更广泛深入的生态文明教育在高校加快实施。习近平总书记指出："我们在生态环境方面欠账太多了，如果不从现在起就把这项工作紧紧抓起来，将来付出的代价会更大。在这个问题上，我们没有别的选择。"② 高校全面开展生态文明教育，将生态文明教育融入课堂，融入教材，融入学生头脑，努力实现人与自然的和谐相处，这也是大学生态文化发展的目标和价值所在。当代大学生是美丽中国建设的重要参与者，生态文明建设的实践者，因此，大学生态文化发展的核心就在于教育并引导大学生树立和践行生态价值观。

面对严峻的环境问题，我们在教育教学实践中不断思考该怎么看？怎么办？特别是党的十八大以来，随着社会主义生态文明建设的深入推进，高校应如何更好地服务于生态文明建设？带着对这些问题的思考，以及如何落实好人才培养工作，近年来，本书第一作者先后指导任连军、李睿智、王雪梅、黄靖、陈晓燕、晏丽华等硕士研究生围绕生态文明建设与思想政治教育等相关内容进行毕业论文的选题与撰写。本书既是著者对生态文明建设与大学教育之间深度融合长期思考学习的阶段成果，也是人才培养的一个阶段成果，同时，这也是对较早前所撰写的论文《大学环境文化建设探析》的一个更深入研究的结果。本书的内容主要从现实生态环境困境、生态文明理论创新、大学生态文化

---

① 杨适：《马克思〈经济学—哲学手稿〉述评》，人民出版社，1982年，第97页。

② 中共中央党史和文献研究院：《习近平新时代中国特色社会主义思想学习论丛》（第三辑），中央文献出版社，2020年，第67页。

发展三者交互影响的角度，系统梳理生态文明视阈下大学文化发展问题，分析大学文化与生态文明的深度融合，研究大学生态文化发展的体系构建，进而为高校教育教学改革和培养具有良好生态素养的高素质人才提供参考。全书共分为七章，第一章主要阐释了大学生态文化建设发展的重要性，提出了大学生态文化建设发展的研究思路。第二章主要分析了当前生态文化所面临的困境与难题，并与中国传统生态智慧相结合，阐述了生态危机下生态文化的兴起。第三章从大学文化与生态文明相互融合的角度出发，分析了生态文明建设与大学生态文化发展联结的内在机理。第四章阐释了大学生态文化的内涵，从精神文化、制度文化、物质文化三个角度分析了大学生态文化发展。第五章着重探讨了影响大学生态文化发展的瓶颈，分别从文化滞后与文化变迁两个角度分析了大学生态文化发展面临的困境及原因。第六章从体系构建的角度出发，分别从大学生态文化的内容体系、方法体系、目标体系、评价体系构建四个方面分析了如何系统推进大学生态文化发展。第七章侧重从营造大学生态文化发展环境、确立大学生态文化发展理念、挖掘大学生态文化发展资源以及高校职能绿色赋值发展四个方面展望大学生态文化的发展前景。

生态文明视阈下的大学文化发展研究，既是对当前大学生态文化发展的现状分析，更是对大学生态文化发展趋势的思考。本书注重对大学生态文化发展体系的重新构建，注重对生态文明视阈下的大学生态文化发展的整体性、系统性、实效性研究。书中整理的大学生态文化建设相关案例，注重调查问卷，对掌握的一手资料进行分析；注重高校生态环境建设实践与生态文化建设的融合，努力实现大学生态文化研究理论与实践的结合，将大学生态文化建设发展的整体构架和局部细化进行综合考量，为创新大学生态文化发展提供了综合性的行动参考。本书由西南科技大学马克思主义学院廖成中、陈晓燕、刘皓月、李星环共同撰写，并得到了西南科技大学马克思主义学院"三全育人"综合改革试点（校级）、西南科技大学"思想的力量"辅导员工作室的资助与支持。衷心感谢为本书提供案例的任连军、王雪梅、李睿智、黄靖、晏丽华、邹高祥。著者在撰写本书的过程中，充分学习借鉴了部分专家学者的观点，在此一并表示诚挚的谢意。

限于著者水平，书中难免还有疏漏及不当之处，敬请广大读者批评指正。

著　者

2023 年 3 月于西南科技大学

目　录

第一章 缘起：生态文化视阈下大学文化发展问题的提出

文明是社会发展进步的重要标志。人类社会的文明形态在经历原始文明、农业文明、工业文明后，正在向生态文明迈进。从工业文明到生态文明，既体现了人类生产方式与生活方式的重要变革，也反映了人类对自身生存环境的关注与思维模式的重大转变。在工业文明基础上形成的线性思维及单向度的追求物质发展模式，导致人类赖以生存的自然环境不堪重负。正是在生态危机不断加剧的严峻形势下，人们开始关注生产、消费对自然资源承载力的影响（如绿色运动开始兴起），于是，生态文化出现并不断影响着人们的生产和生活。当前在国际范围内，生态、循环、低碳、环保、可持续等已经成为主流的生态文化理念，并且持续影响着人们深度思考人与自然之间的关系。生态文化正是在吸收工业文明成果的基础上，又对产生的文化土壤积极扬弃，以一种新的文化样态推动人类文明的进步发展。对生态文化的认识，学者廖福霖在《生态文明学》一书中进行了概括总结，第一，从自然角度，以是否征服自然为标准，认定生态文化；第二，每个时代都有自己的生态文化；第三，保护生态环境是生态文化的集中体现；第四，生态文化是自然文化；第五，生态文化是协调人与自然关系的一种新型文化。① 从本体论、认识论的角度理解生态文化，李萌、潘家华认为，新时代生态文化在本体论方面，从一般性国家文化向核心型国家文化转换；在认识论方面，从自信型生态文化向反思型生态文化转变。② 建设社会主义生态文化既是中国特色社会主义生态文明建设的实践要求，也是深入推进社会主义生态文明建设的能动反映，可为美丽中国建设提供强大的精神动力。

---

① 廖福霖等：《生态文明学》，中国林业出版社，2012 年，第 301 页。
② 李萌、潘家华：《中国生态文明建设与生态文化范式的重构》，《贵州社会科学》，2021 年第 12 期，第 25 页。

党的二十大报告指出："坚持可持续发展，坚持节约优先、保护优先、自然恢复为主的方针，像保护眼睛一样保护自然和生态环境，坚定不移走生产发展、生活富裕、生态良好的文明发展道路，实现中华民族永续发展。"① 生态文化本身是属于社会上层建筑的范畴，生态文化能为建设新时代中国特色社会主义生态文明提供精神动力和凝聚力量，从而提高我国的文化软实力，达到增强综合国力的目的。生态文化建设需要依靠社会全体成员的共同行动，通过生态文化建设，不断加强生态环境教育，引导人们价值观念、思维方式、行为习惯等的转变，提升生态意识，进而促进绿色生产方式及生活方式的实现。高校建设生态文化，应以习近平生态文明思想为指导，与大学文化建设、传统生态智慧、人才培养相结合，借鉴并吸收当代自然科学和人文社会科学知识来发展生态文化。

提高全民生态文化素养的教育是综合自然科学知识与人文社会科学知识的整体教育，也是理论和实践的统一，并最终服务于生态文明建设的教育。高校承担着人才培养、科学研究、社会服务、文化传承与创新、国际合作与交流的重要职能，绿色发展理念的全面贯彻，中国特色社会主义生态文明建设实践的深入推进，美丽中国建设各项举措的全面落实，无不深刻影响着高校的改革发展。在社会主义现代化建设进程中，生态文明建设融入现代高校治理体系，能促进大学生态文化发展。因此，大学生态文化发展具有物质基础、精神传承和实践土壤，通过一系列教育教学改革，大学生态文明教育的开展能提升大学生生态文明素养，促进其生态思维方式和生活方式的形成，提升服务生态文明建设能力。

第一节　发展大学生态文化的重要性

一、政策背景

2007 年，党的十七大首次将"建设生态文明"写入报告。2009 年，党的十七届四中全会把生态文明建设与经济建设、政治建设、文化建设、社会建设和党的建设一起作为社会主义事业建设的重要任务。面对国内国际出现的严峻

---

① 习近平：《高举中国特色社会主义伟大旗帜　为全面建设社会主义现代化国家而团结奋斗——在中国共产党第二十次全国代表大会上的报告》，《人民日报》，2022 年 10 月 26 日第 3 版。

环境问题，生态文明建设已经成为党和国家的重大战略部署并得以持续深入推进。特别是党的十八大以来，党和国家更是高度重视生态文明建设，从人类命运共同体的高度审视全球性的生态危机，陆续出台了一系列的相关政策法规，以促进社会经济转型发展、倡导绿色生产生活方式。2012 年，党的十八大报告提出要大力推进生态文明建设，将生态文明建设纳入中国特色社会主义事业五位一体总体布局，从十个方面描绘出了社会主义生态文明建设的宏伟蓝图。2013 年，党的十八届三中全会进一步明确了生态文明建设的基本路径、方略及生态文明制度建设的主要内容，提出建设生态文明，必须建立系统完整的生态文明制度体系，实行最严格的源头保护制度、损害赔偿制度、责任追究制度，完善环境治理和生态修复制度，用制度保护生态环境。2015 年，随着十八届五中全会的召开，加强生态文明建设被写入国家"十三五"五年发展规划建议，绿色发展理念被列入五大发展理念当中，将节约资源、重视环境保护作为一项基本国策来贯彻执行。从"水十条"到"蓝天保卫战"，从"生态保护红线"到"共抓大保护，不搞大开发"，这些成体系、多领域的环境治理工作不仅为我国解决环境问题及保护生态环境落实了具体举措，也为全球生态环境保护做出了示范，同时也满足了国内群众对生态福祉的追求，获得了国际社会的一致好评。2017 年，党的十九大报告指出"人与自然是生命共同体，人类必须尊重自然、顺应自然、保护自然"①。完善生态文明建设制度体系，对推进生态文明建设提出了更加丰富、更加系统、更加明确的指导思想和总体要求，深刻回答了生态文明建设的若干重大理论和实践问题。2020 年 9 月 22日，习近平主席在第七十五届联合国大会上宣布，中国力争 2030 年前二氧化碳排放达到峰值，努力争取 2060 年前实现碳中和。2022 年，党的二十大报告提出"必须牢固树立和践行绿水青山就是金山银山的理念，站在人与自然和谐共生的高度谋划发展"②。我国生态文明建设从无到有，从理论创新到具体实践，从宏观制度设计到具体工作的深入开展，已经充分融入中国特色社会主义事业建设的方方面面，建设美丽中国已成为中华民族伟大复兴中国梦的重要组成部分。

党的十八大以来，习近平总书记围绕生态文明建设提出一系列新理念新思想新战略，对中国建设什么样的生态文明，怎样建设生态文明作出回答，从而

---

① 习近平：《决胜全面建成小康社会 夺取新时代中国特色社会主义伟大胜利——在中国共产党第十九次全国代表大会上的报告》，人民出版社，2017 年，第 64 页。

② 习近平：《高举中国特色社会主义伟大旗帜 为全面建设社会主义现代化国家而团结奋斗——在中国共产党第二十次全国代表大会上的报告》，《人民日报》，2022 年 10 月 26 日第 4 版。

形成了习近平生态文明思想。习近平生态文明思想作为中国生态文明建设的根本遵循和美丽中国建设的行动指南，于 2018 年 5 月在全国生态环境保护大会首次正式提出，习近平生态文明思想是习近平新时代中国特色社会主义思想的重要组成部分。同时，会议提出要加快构建生态文明体系，其中包括生态文化体系、生态经济体系、目标责任体系、生态文明制度体系和生态安全体系五个方面。生态文明建设，发展生态文化已经成为党治国理政的重要内容。

二、重要意义

高校是培养高素质人才的场所，承担着文化传承、文化创新、文化传播的历史使命。大学文化作为高校一切物质与精神财富的总和，是与社会经济的发展紧密相关的，其既有自身发展的规律，也受外部社会环境的影响；既具有发展的历史延续性，也具有鲜明的时代特色。全球的生态文化发展和生态文明建设实践，对大学生态文化发展产生了积极的影响和促进作用。大学生态文化发展是应对全球环境问题的必然要求，也体现为高校对环境问题的回应与应对。从人才培养的角度看，高校要努力培养具有良好生态素养的高素质人才，以适应生态文明建设的需要。1992 年，美国学者大卫·奥尔提出了"生态教养"（ecological literacy）的概念，认为人们需要通过学习科学知识来全面认识人类与自然生态系统的关系。我国部分高校从 20 世纪 90 年代就已经开始探索绿色大学建设，也就是从那时起，大学生态文化不断得到深化发展，但全国范围内还没有得到推广。随着中国特色社会主义进入新时代，各高校深入推进绿色发展，大学生态文化发展也以全新的内容和方式不断取得新的成效。新时代大学生态文化发展，以培养适应社会主义生态文明建设的时代新人为目标，以现代大学绿色治理体系为支撑。郭永园、徐鹤认为，新时代绿色大学建设是集生态校园景观空间、生态人才培养、生态科学研究创新、生态治理有效参与、生态文化传承培育等各种功能的综合体。[①] 因此，新时代绿色大学建设可以为大学生态文化发展提供有力支撑。

（一）有利于提高人才培养质量

随着社会经济的不断发展，劳动者素质的高低与社会经济发展息息相关，

---

① 郭永园、徐鹤：《新时代绿色大学建设实施方略》，《城市与环境研究》，2021 年第 4 期，第 24 页。

基于中国社会主义生态文明建设加快推进的背景，大学生培养目标中又增加了"生态人"的属性。高校需要传授大学生生态知识，推动大学生形成生态思维，养成良好的生态行为习惯，促进大学生生态素养提升。高校在历史沉淀中形成的教育环境也是影响人才培养质量的一个重要方面。良好的大学教育环境，能在潜移默化中对大学生进行熏陶，培育大学生的优良品质。而大学文化的发展也在一定程度上得益于人文教育环境的教化功能。因此，建设发展大学生态文化有利于充分发挥其生态培育功能，教育引导大学生树立环境意识和生态思维，从而培养和塑造具备良好生态素养的时代新人。

（二）有利于进一步促进繁荣大学文化

高校既是培养人才的重要阵地，也是重要的文化组织，坚持文化的传承与创新是高校的一项基本功能。作为文化组织，大学文化源自高校建设历史实践中，也随着新文化的融入不断发展，兼具接受与传播先进文化的功能。生态文化作为一种反思过去、面向未来的非人类中心主义的新兴文化，是适应生态文明建设需要的先进文化。因此，大学生态文化的建设发展正是对生态文化迅速兴起的回应，也是大学文化发展的自觉。建设发展大学生态文化不仅有利于推动大学文化创新，丰富大学文化内涵，而且有利于进一步发挥大学文化在社会主义先进文化建设中的重要作用。

（三）有利于我国生态文化建设的整体推进和突破

生态文化建设是一项系统工程，也是一项艰巨的任务，大学生态文化建设发展能促进高校调整教育模式，创新教育观念，不断用生态管理、生态教育、生态服务为生态文明建设做出贡献。随着社会经济和科学技术的迅速发展，建设发展大学生态文化，不仅能充分发挥高校自身作为动力源和思想库的作用，还能充分发挥其引导和推动社会进步的独特功能，从而促进我国生态文化建设的整体推进和突破。

（四）有利于为贯彻实施"可持续发展"战略提供精神动力和智力支持

坚持"可持续发展"已成为我国社会经济发展的必然选择。高校具有人员相对集中、文化层次相对较高的独特优势，高校教师和学生群体对先进的符合时代发展要求的理念、观点、思想等更易于接受，对前瞻性的生态文化建设更加理解和支持，能积极投入前沿性的生态文化建设实践中。建设发展大学生态文化，有利于使广大师生自觉遵守人与自然和谐相处的伦理规范，在学习、生活和工作中自觉服从可持续发展的要求，有利于形成对生态文化理论及建设深入研究和思考的人文环境，进而为贯彻实施"可持续发展"战略、推进美丽中国建设提供精神动力和智力支持。

第二节　大学生态文化发展的分析框架

习近平同志早年在浙江工作期间就曾指出，"生态文化的核心应该是一种行为准则、一种价值理念。"[①] 生态文化建设要取得成功，从根本上来说，就是要让生态文化的理念深入每个人的观念和行为中。推进社会主义生态文明建设，这是一个理论问题，也是实践问题；是技术效益问题，也是自然关怀问题；是当下环境危机治理问题，也是可持续发展问题。通过生态文明教育，可以增强人们的生态意识，正确认识到人与自然之间的关系，认识生态平衡对于人类生存和发展的重要意义。只有弄清楚人与自然之间的关系，具体分析生态危机产生的原因，才能科学有效地解决问题，满足环境保护的需要。对高校而言，大学文化是包容开放的，这使得高校总是伴随着时代进步，甚至引领着时代的发展。从微观的角度看，大学生态文化与生态实践活动总是相互作用的，在此过程中，生态文明教育是不断创新实践以适应生态问题中矛盾变化而产生的现实需要。因此，促进大学生态文化发展既是当下的需求，也是未来的需要，大学生态文化发展，其出发点和落脚点都是推进生态文明建设，再共同推动文明进步发展。以生态文明视阈研究大学文化发展，进而建设更加丰富的大学生态文化，有其理论基础、基本原则和主要内容。

一、理论基础

大学生态文化发展离不开对现实生态问题的思考和应对。在现代化进程中所面临的环境问题，生态马克思主义者从生态文化革新工业文化，从解读生产异化到解读消费异化，从批判技术到批判制度和文化，这些正是大学生态文化发展过程中需要理性面对的。生态文化包括了人们对人与自然之间关系的认知和对各类生态实践的思考，最终形成了生态思维。中国传统生态智慧为大学生

[①] 习近平：《之江新语》，浙江人民出版社，2007年，第48页。

态文化发展提供了丰富的思想养分，绿色科技的进步也极大地保障了生态文明的实现。

（一）关于人与自然统一关系的理论

人与自然统一关系是马克思主义生态理论框架的重要观点，也是大学生态文化发展的理论基础。马克思主义认为，自然界是人的无机的身体；自然界是客观存在的，它是人类赖以生长的基础。人与自然和谐的本质内涵，应当是人与自然矛盾同一性的一种表现形式，是人与自然之间相互依存、相互适应、相互转化的关系，体现了人与社会的发展、自然发展的协调性、整体性和一致性。

没有自然界，就不会有人类社会，更不会有人类的文明。在马克思主义看来，自然界先于人类而存在，人归根结底是自然界的产物，人生存在自然环境之中，并且随着环境的发展而一起发展。这深刻地揭示了人是自然界的产物，没有自然界就没有人类。

大学生态文化发展正是对人与自然统一关系认知的文化展现。高校通过开设自然环境教育、环境美育等课程，可提升大学生的生态素养，促进生态文明建设，实现人与自然和谐共生。

（二）关于人化自然的理论

马克思主义认为，自然界分为自在自然和人化自然。自在自然指未经人类所改变的自然，而人化自然是人去改造自然的过程，是人按照自己的意志将原有的自然物逐渐改造为适合人类生存的状态。可以说，人化自然的过程就是人类意志的集中体现。实际上，这个人化自然的过程正是人类文明的体现，从某种意义上说，只有那些被"人化"过的自然才是"文明"自然。只要人类存在，自然界就会处在不断被人化的过程之中。马克思主义的"人化自然"思想，一方面彰显了自然的先在性，只有依靠自然，改造自然，人类才能获得生存的源泉；另一方面也彰显了人类的主体性，人类只有不断地改造自然，不断地创造新的"人化"过的自然，人类社会才能获得不断地进步与发展。马克思主义人化自然观从实践视角出发，强化辩证思维的方式，形成了建构人类生态文明的重要思想基础。

马克思主义从劳动就是实践活动的角度出发，揭示劳动实践是"人化自然"的根本手段，充分体现了实践基础上的人与自然的辩证统一。高校的根本使命是立德树人。高校的建设发展是历史的过程，也是实践的过程，大学文化有历史积淀，也有丰富的物质变换。大学生态文化基于生态文明实践，随着生态文明实践的变化而变化，大学生态文化建设发展是一项系统工程，需要通过开展丰富多样的生态文明教育教学活动来实现。

（三）关于生态危机的理论

工业革命后，人类社会生产力空前发展，获取自然资源的能力也大幅提升，当人类的生产活动超过自然所承受的边界时，原有的生态平衡遭受破坏，随之而来的便是生态危机的出现。生态危机的出现反映了人—社会—自然关系的异化。马克思主义认为，人与自然的辩证统一具体化为一种对象性关系，马克思在哲学层面探讨了人类与自然的关系，也在实践中回答了社会发展与环境之间的矛盾。在马克思看来，人—社会—自然构成了一个彼此关联的系统，在正常状态下三者的关系应表现为人—社会—自然环境的和谐发展。马克思主义认为，人与人之间的关系建立在人与自然关系的基础之上，通过生产劳动，人与人在生产中形成了一定的社会关系，也就是生产关系。马克思主义认为，只有变革社会制度，才能彻底改变异化状态，要实现人和自然的"和解"，就要首先完成人与社会、人与自身的"和解"，也就是说，必须认识到生态危机的出现和解决都与社会发展制度息息相关，生态危机的解决依赖于生产方式的变革。

生态危机理论将生态危机的根源归因于资本主义生产方式，归结到资本主义制度，生态马克思主义者也继承和发展了这一观点，从讨论文化异化、消费异化到号召进行绿色革命，建设生态社会主义，用生态文明的观点引导生产。生态文化正是源于对生态危机的反思，对自然环境保护的实践。建设发展大学生态文化，也是需要深入认识生态危机的根源，批判资本主义生产方式及反思生产发展过程中产生的生态破坏。因此，建设发展大学生态文化，对于大学生坚定中国特色社会主义道路自信、理论自信、制度自信、文化自信有着重要作用。

（四）中国共产党人的生态环境观

1949 年中华人民共和国成立，奠定了环境保护的社会制度基础。在社会主义革命与建设时期，党中央强调环境保护，重视植被修复和水利发展。1955年 10 月，毛泽东在党的七届六中全会上指出，"南北各地在多少年以内，我们能够看到绿化就好。"① 小水电、太阳能等可再生能源得到了积极开发利用，

---

① 中共中央文献研究室：《毛泽东文集》（第六卷），人民出版社，1999 年，第 475 页。

在某种程度上减少了对不可再生资源的消耗。1957年，我国发布了《中华人民共和国水土保持暂行纲要》，要求水利部门加强技术研发，努力做到根治水患。随即全国各地兴修水库，掀起了一个大力兴修水利和生态治理的新高潮。1973年，第一次全国环境保护大会在北京召开，会上确定了"全面规划，合理布局，综合利用，化害为利，依靠群众，大家动手，保护环境，造福人民"的32字环境保护工作方针。

在改革开放与社会主义现代化建设时期，党中央注重污染治理和环境保护。1978年9月19日，邓小平在唐山考察工作时指出，现代化的城市要合理布局，一环扣一环，同时要解决好污染问题。废水、废气污染环境，也反映管理水平。[①] 1979年1月6日，针对桂林治理污染不力的情况，邓小平再次发表讲话。此外，邓小平还要求关注风景旅游景区、油田开发等地的生态环境，强调要保护风景区的自然环境，保护好当地的水源，扩大绿化面积，体现了对生态环境问题的重视和关心。在保护生态的同时，也促进经济的极大发展。

党中央十分注重培育生态环保意识和推进生产可持续发展。世纪交替，我国经济水平大幅提升，但环境问题的逐渐凸显引起党和国家的高度重视。1996年，在第四次全国环境保护会议上，江泽民率先提出了"保护环境就是保护生产力"的科学论断。为提升民众的生态环保意识，我国出台了一系列新的法律法规。在生态国际合作方面，我国还签署了多项国际环境公约，这些举措都对我国生态文明建设带来了新的发展契机。

党中央大力倡导"低碳"经济，倡导建设成资源节约型、环境友好型社会。在党的十七大报告中，首次正式提出"生态文明"的概念。强调经济发展方式转变、减少生产能源消耗和深化能源领域价格等，不断加快生态修复，扩大生态产品生产等。

中国特色社会主义进入新时代以来，在习近平生态文明思想指引下，党对生态文明建设的全面领导进一步加强，始终坚持生态兴则文明兴、人与自然是生命共同体、绿水青山就是金山银山的理念；坚持推动绿色发展，将良好生态环境作为最普惠的民生福祉；坚持统筹山水林田湖草沙的系统治理，用最严格制度最严密法治保护生态环境；坚持强调全体人民自觉共同参与环境保护，强调共谋全球生态文明建设之路。习近平生态文明思想是马克思主义关于人与自然关系思想的最新理论成果，是推动我国生态文明建设的强大思想武器。

大学生态文化建设发展需要党的创新理论的科学指引，新中国成立以来，

---

① 曹前发：《生态建设是造福子孙后代的伟大事业》，《红旗文稿》，2014年第18期，第32页。

中国共产党人生态环境观为大学生态文化建设发展提供了坚实的理论基础，特别是习近平生态文明思想为新时代大学生态文化发展提供了根本遵循和行动指引。大学生态文化的发展也为师生掌握思想武器，强化理论武装，立足实际展开生态实践，积极投入中国特色社会主义生态文明建设提供了强大的精神动力。

二、基本原则

生态文明是所有国家和民族共同追求的新的文明形态。基于经济发展理念的差异，不同国家和民族有自己的独特方式来实现生态文明。大学生态文化建设需要了解不同国家和民族的生态文明实践，以开放包容的眼光看待世界，用批判思维进行辨析，充分吸收生态文化建设的优秀成果。基于我国的生态文明建设实践，推进大学生态文化建设发展，需要坚持全局性原则、科学性原则和前瞻性原则。

（一）全局性原则

生态文化是一种不断发展的文化，具有开放性的特征，随着历史的发展会逐渐地调整自己的内在结构适应时代的发展。所以，建设发展大学生态文化，需要着眼于社会生态文明建设的整体推进，在统揽全局中细化大学生态文化的建设内容。从全局性看，应把握两个方面：一方面，要注意古今关系的处理，即将传统文化中所形成的生态文化认识与当今时代的生态文化理论结合在一起，不仅要吸纳以往的优秀生态文化，更要结合当前时代发展的需要，做到古为今用；另一方面，要处理好中外关系，即国外的生态文化与国内的生态文化之间的关系。国外的生态保护运动以及生态文化理论生成的时间较早，能够给我国的生态文化建设提供有益的借鉴。我们应该适度地改造、吸收和创新国外的生态文化理念，将其与本土的生态文化结合起来，建设更加丰富且具有特色的生态文化。尤其是高校在实施教育教学过程中，更应定位清晰，做好制度设计，创造生态教育环境，构建生态文化内容体系、方法体系、可持续发展评价体系和长效保障机制。

（二）科学性原则

生态文化源于多学科知识交叉，有着丰富的学科背景支撑，涵盖了自然科学和社会科学的多个学科，因此，在进行大学生态文化建设规划时，要坚持科学性的原则，采用跨学科、跨视角、多层面、广领域的科学方法，尊重自然规律，重视教育规律和大学文化发展规律。要深入调查研究我国的现实生态环境状态，做到与社会实际相结合，才能充分挖掘生态文化的深刻内涵，揭示生态文化的内在实质，从而实现在更深的层次上发展大学生态文化。在具体建设实践中，特别是要注重在生态实践基础上发展生态文化，因地制宜营造生态环境，发掘生态资源、确立生态理念，促进教育生态化改革。

（三）前瞻性原则

制定生态文化发展战略规划，既要结合目前的实际状况制定出切实可行的发展规划，同时还要具有前瞻性，能代表着生态文化未来的发展方向，并且能在一段时间内指引着生态文化的实践活动。高校汇集了前沿性的知识文化、拥有良好技术支持，具备前沿科研视野和科研能力，同时肩负着服务社会和培养"生态人"的责任。所以，高校在制定生态文化发展战略时，需要处理好当前与长远、整体与局部之间的关系，使生态文化建设发展适应最新生态文明建设的需要，满足人才培养和大学文化发展的要求。

三、主要内容

2022 年 10 月 26 日，教育部印发《绿色低碳发展国民教育体系建设实施方案》，文件明确将低碳要求融入课程教材，调整学科建设及生态教育活动形式，推动绿色校园建设。低碳是绿色生产方式和绿色生活方式的一种体现，是生态文明理念的一个现实要求，高校进行生态文化建设是国家生态文明建设的重要部分。高校作为国家实施高等教育的场所，有着丰富的物质资源，也有着独特的文化氛围，开放包容的环境有助于创新，绿色大学建设在世界范围内盛行，这无疑是生态文化与大学文化融合发展的最好例证。

（一）促进生态教育融入学科建设

面对诸多生态问题，相关机构需要向民众普及生态知识以实现保护生态环境的目的，同时应在国民教育体系中系统性融入生态文化知识。在高等教育阶段，通过学科建设可以促进资源调整和知识融合，加强理学、工学、农学、经济学、管理学、法学等学科融会贯通，建立覆盖气候系统、能源转型、产业升级、城乡建设、国际政治经济、外交等领域的生态文化知识体系。同时，加快编写跨领域综合性知识图谱，编写一批以碳达峰碳中和为重点的生态文化知识相关教材，形成优质资源库。根据教育部最新发布的《职业教育专业目录（2021 年）》可知，环境保护类包括环境监测技术、环境工程技术、生态保护技术、生态环境大数据技术、环境管理与评价、生态环境修复技术、绿色低碳技术等 11 个专业。2021 年 7 月，教育部印发《高等学校碳中和科技创新行动计划》，要求发挥高校基础研究主力军和重大科技创新策源地作用，推进碳中和未来技术学院和示范性能源学院建设，建设一批国家级碳中和相关一流本科专业，鼓励高校开设碳中和通识课程，在国家级人才评选中，加大向碳中和领域优秀人才的倾斜力度。[①] 国家政策的激励对大学生态文化建设而言，从内容体系上更加向学科建设和专业建设延伸，大学生态文化的学科专业基础更加扎实。

（二）创新生态文明观教育课外活动实现形式

生态文明观教育课外活动是大学生态文化建设的重要方式，高校开展生态文明教育课外活动，应当充分利用网络工具扩大生态文明观教育实践场域和影响力度，充分利用智慧教育平台开发优质教育资源、普及有关知识、开展线上活动。课外活动应抓住关键时期，顺应公众关注度，以全国节能宣传周、全国城市节水宣传周、全国低碳日、世界环境日、世界地球日等主题宣传节点为契机，组织主题班会、专题讲座、知识竞赛、征文比赛等多种形式的教育活动。生态教育课外活动不能毕其功于一役，需要持续开展节水、节电、节粮、垃圾分类、校园绿化等生活实践活动。同时，生态文明观教育课外活动还要面向社会实际，组织大学生走进厂矿企业、乡村社区了解生态文明建设现状，帮助他们解决相关问题，增强大学生的社会责任感。

（三）推动绿色校园建设

首先，高校可从校园景观和校园建筑入手，创建节能环保的校园环境，减少资源消耗和能源污染。在校园建设与管理领域广泛运用先进的节能技术，逐步降低传统化石能源应用占比，提高绿色清洁能源的应用比例，加快推进超低能耗、近零能耗、低碳建筑规模化发展，提升学校新建建筑节能水平。同时，高校应大力推进节能改造工作，充分利用智慧能源管控平台等新技术降低能源消耗。其次，高校应重视校园绿化工作，鼓励采用屋顶绿化、垂直绿化、增加自然景观水体等绿化手段，扩大校园自然生态面积。2021 年 4 月，"长三角可

---

① 张盖伦：《实现"双碳"目标，高校这样贡献智慧》，《科技日报》，2021 年 10 月 14 日第 6 版。

持续发展大学联盟"发布《促进碳达峰、碳中和高校行动倡议》，联盟高校将在推进碳达峰、碳中和目标过程中，承担科学研究、人才培养、社会服务诸多职能。

第二章　概述：生态文化与生态危机

　　人与自然是相互联系、相互依存、相互渗透的。生态文化是人类在实践过程中形成的关于人与自然关系的物质财富和精神财富的总和，其目的在于促进人与自然和谐发展、社会经济可持续的文化形态。当生态文化和生态系统环境相适应时，生态环境能自我修复，总体是和谐的；当生态文化和生态系统不相适应，超出自然承受范围时便形成了生态危机。生态文明是生态文化的深化、生态智慧是人与生态和谐实践的结晶、生态危机是异化的生态文化和超量的生态实践所造成的恶果。

第一节　生态、文化与文明

一、生态

　　生态一词是从生态学上演变而来，指生物的生活状态。在《现代汉语词典》中，生态指生物在一定的自然环境下生存和发展的状态，也指生物的生理特性和生活习性。"当前，生态这一概念主要指自然科学层面上生物多样性维护、生态平衡和生态环境保护，及其与人类可持续发展的关系"。① 生态是生物与生物之间、生物与非生物之间形成的相互关系，是决定生物性状特征和分布的因子，也是生物和非生物环境间通过能量流动和物质循环而相互作用的生态系统，是生物有机体所属外界自然环境的总和。人类作为灵长类高级智慧生物，兼具生物属性和社会属性，因此，生态环境可以定义为人类始终赖以生存并从事生产与生活的外界条件。本书所述的生态环境指自然环境。生态环境问

---

　　① 蒋高明：《生态与生态系统》，《绿色中国》，2017年第5期，第77页。

题指的是世界范围内出现的阻碍人类生存与发展的各类现象，目前，生态环境问题是影响人类发展的主要问题之一，自然生态问题也是全球性的问题。

二、文化

"文化"这一概念各界人士说法不一。自 20 世纪 60 年代起，很多学者从不同学科视角，对"文化"的概念进行定义和区分。西方的"文化"一词源自拉丁语，原意是农耕、居住、练习、种植的意思。古罗马哲学家、政治家西塞罗指出，"文化"应该与人类的灵魂有着密切的联系，"是一种心灵的哲学"，这种界定开启了将"文化"的概念延伸至人类的精神层面的新阶段，带有"培养""教育"的意义，突出了"文化"的发生是主体心灵的能动过程。英国的人类文化学家泰勒认为，"文化，或文明，就其广泛的民族学意义来说，是包括全部的知识、信仰、艺术、道德、法律、风俗以及作为社会成员的人所掌握和接受的任何其他的才能和习惯的复合体。"[①] 美国的人类学家怀特认为，"更具体一点说，文化是由实物（工具、器皿、饰、护身符等等）、行为、信仰和态度所组成的，它们都通过符号而发挥所用。"[②] 在中国，文化一词可追溯到周代春秋时期，《周礼》中有言，"观乎人文，以化成天下"。由此，可以看出文化是与封邦建国时期政治相关联的，在当时，文化是一种统治阶级用以维护社会稳定的工具。

人类学家克鲁伯和克拉克洪曾经对"文化"的概念和定义进行了梳理，并对多达 164 种"文化"的定义进行了列举和评论，他们也从四个层面对"文化"进行界定：其一，文化产生于人类的生产实践，并反过来制约着生产和实践；其二，文化自身具有内隐和外显的特性，并且在人们的具体行为中得以体现；其三，文化可以通过学习等方式进行相互传授；其四，价值观念是文化的核心文化。马克思主义则认为，文化是与政治经济相对应的人类的精神观念活动及其产品之和，文化有先进或落后之分。人是历史的创造者，"历史不过是追求着自己目的的人的活动而已。"[③] 马克思认为，资产阶级的文化会造成人与自然关系的紧张矛盾，导致生态失衡，而共产主义先进的文化则能实现人与

---

① ［英］爱德华·泰勒著：《原始文化》，连树声译，上海文艺出版社，1992 年，第 1 页。
② ［美］莱斯利·A·怀特著：《文化科学——人和文明的研究》，曹锦清等译，浙江人民出版社，1988 年，第 348 页。
③ 中共中央马克思恩格斯列宁斯大林著作编译局：《马克思恩格斯文集》（第一卷），人民出版社，2012 年，第 295 页。

自然的和谐发展。

从 20 世纪 80 年代起,我国展开了对文化学的研究,《简明社会科学词典》将文化界定为"人类在社会发展过程中所创造的物质财富和精神财富的总和"。文化从广义来说,指人类社会历史实践过程中所创造的物质财富和精神财富的总和;从狭义上来说,指社会的意识形态,以及与之相适应的制度和组织机构。文化是人类知识、智慧、科学、技术、艺术思想、观念的结晶和物化,是人类在社会生活中所获得的所有物质财富和精神财富的总和。综合以上观点可以发现:文化是人类创造的产物,是与自然界演变相对应的人类活动形成的精神财富及其物质载体的总和,与经济、技术相联系,表现为一定物质基础上的观念和社会意识。

三、文明

与文化近似的词组"文明",学者对此同样有着诸多理解。奥地利心理学家弗洛伊德认为,文明和文化是一体关系,"人类文明,我的意思是指人类生命将自己提升到其动物状态之上的有别于野兽生命的所有那些方面""一方面,它包括人类为了控制自然力量并攫取财富以满足人类需要而获得的全部知识和能力;另一方面,它还包括调节人与人之间的关系的,尤其是调节可用财富的分配所必需的规章制度"[1]。英国历史学家、哲学家汤因比认为文明替代社会概念,文明是原始社会以习惯统治的静止状态过渡到活动状态中产生的,文明的起源是通过内部无产者脱离现存文明社会以前的那个已经失去创造能力的少数统治者的行为产生的。[2] 马尔库塞在其研究和创作中坚持认为文化与文明是两种不同的东西,必须加以明确区分,他提出文化特指的精神文化,其内涵是以探索和解释人的精神价值,与文明的内涵有本质区别,具有鲜明的观念属性;文明特指物质文明,其产生来源和文明灵感都是文化给予的,文明并不能满足人们精神层次的需求,而是提供社会生存资源,具有鲜明的物质属性。美国人类文化史家菲利普·巴格比提出,当文化经过时间的积累和沉淀,其形式和内容都会向更高级的状态进化,这就是文明的建立。文明也是社会分工和城市化的文化,文化是一种对社会群体的行为约束,这种约束不仅包括内在的情

---

① [奥] 西格蒙德·弗洛伊德著:《论文明》,徐洋、何桂全、张敦福译,国际文化出版公司,2000 年,第 2 页。

② [英] 汤因比著:《历史研究》,曹未风、徐怀启、乐群等译,上海人民出版社,1986 年,第 9~10 页。

感、价值、观念、信仰、知识的思想类引导，约束范畴重点体现在对社会群体的政治、经济、科学、艺术、教育等行为的规范。"新进化论者在文明的研究上加进了价值判断的内容，把文明与'开化'（civilized）和'未开化'（uncivilized）联系起来，认为文明是文化的高级形式。"[①]

以上观点虽然各不相同，但共同之处在于都认为文明范畴小于文化范畴，文明是更加具体的文化表现，由物质形式作为表达基础。文明具有以下三个特征，一是人化的形式，即文明是人类劳动实践和创造的印记；二是社会性质，文明是人类社会发展的集中表现；三是多样性，文明能反映不同的地域特点和民族精神。文明具有四个基本要素，即物质生产、科学技术、文学艺术和哲学。从本质上看，文化与文明两者是一个问题的两个方面；从发展阶段上看，文明是文化形式的某一特殊阶段；从属性上看，文化是精神、文明是物质；从性质上看，文明是较先进文化的特殊一面。人作为有意识的存在物，在满足于一般的基本生存需要后，就会不断开始追求精神上的满足，而这个追求的过程就是文化，结果就是文明。

第二节　生态文化与生态文明

一、生态文化

工业化与城市化进程的快速推进，带来了各种环境问题，环境保护运动逐渐兴起。人类必须破除传统工业文化的惯性思维，重新思考人与自然的关系，需要一场文化革新，生态文化的产生是应对环境问题必然产生的社会共识。意大利著名的生态学者 A. 佩切伊最早提出"生态文化"这一概念，他认为人类对自然界的入侵破坏已经超前消耗了人类未来的生存基础，需要改革当前的文化性质，融入科学文化和人文文化，形成新形式的文化，即生态文化。此后，生态文化与生态现象是相互对应的核心概念，生态文化要求改善人与自然的关系，从一系列生态现象中梳理出文明、和谐、可持续的生态文化观。这一观念强调的是把人与自然放在平等位置，而不是以人类为中心的单向的利用、敌对自然。美国物理学家卡普拉指出，20 世纪初期，西方世界处在一场严重的危

---

① 郑金洲：《教育文化学》，人民教育出版社，2000 年，第 6 页。

机之中，当前的危机不只是个人的危机，不只是政府的危机，也不只是社会组织的危机，而是全球性变迁。无论作为个人，作为社会，作为一种文化，还是全球的生态系统，我们都正在达到一个转折点。

马克思主义中有着丰富的生态文化观，与文化的概念相对应，马克思主义中的生态文化是文化的部分表现，其生态文化观依然体现在其学说和理论之中。马克思认为，"自然界，就它自身不是人的身体而言，是人的无机的身体。人靠自然界生活。"① 马克思在面对城乡二元割裂现状时产生的城市病和农村土壤肥力下降问题时，提出了先进的生态消费观，即已经用过的物质资料依然可以被当作另一领域中新的生产资料，城市产生的生物肥料可转向农村，实现循环利用。

学者杜吉泽和李维香认为，"生态文化的基本内容就是：建立一种以生态学为核心的文化体系，建立起符合生态学原理的价值观念、思维模式、经济法则、生活方式和管理体系，改变以往那些不良观念，以生态学的思想与方式来认识世界、观察世界"。② 学者王续琨认为，"环境文化是指一切有关人类认识、适应、改造自然环境的事物和相应的行为、心智状态的总和""按照层面分析法，我们可以将环境文化区分为环境技术文化，环境行为文化，环境规范文化与环境心智文化等四个子系统或构成要素"。③ 学者潘岳认为，"环境文化是人类的新文化运动，是人类思想观念领域的深刻变革，是对传统工业文明的反思和超越，是在更高层次上对自然法则的尊重与回归"。④ 余谋昌教授认为，"生态文化作为一种有利于生态环境和自然资源可持续发展的人类生存方式，它有广义和狭义之分：狭义的理解是，以自然价值论为指导的社会意识形态、人类精神和社会制度；广义的理解是，以自然价值论为指导的人类新的生存方式，即人与自然和谐发展的生产方式和生活方式"。⑤ 学者江泽慧认为，生态文化是指人类在社会历史发展进程中包含的与自然相关的全部物质成果和精神成果，"所有人与自然相处中的生态智慧、科学发现、文化积淀、艺术成就、物质财富、行为约束等都属于生态文化的范畴，所有人与自然相关的精神层

---

① 中共中央马克思恩格斯列宁斯大林著作编译局：《马克思恩格斯文集》（第一卷），人民出版社，2009年，第161页。
② 杜吉泽、李维香等：《生态人论纲》，群众出版社，2010年，第76页。
③ 王续琨：《环境文化与环境文化学》，《自然辩证法研究》，2000年第11期，第33页。
④ 潘岳：《环境文化与民族复兴》，《中国青年政治学院学报》，2004年第1期，第26页。
⑤ 余谋昌：《生态文化是一种新文化》，《长白学刊》，2005年第1期，第99页。

面、物质层面、制度层面、行为层面都属于生态文化研究的对象"①。生态文化是一种全新且充满活力的文化，强调环境的发展与人类社会活动的相互作用所形成的结果，关注自然价值的转化。生态文化也是一种以自然生态为主导的文化形态，是以自然环境以及人类活动之间的互动为中心的一种文化。

生态文化中"生态"指向一种新的更高的社会文明形态——生态文明。生态文化作为现实力量，是建设生态文明的基本前提，新时代生态文化是建设新的更高的生态文明的现实土壤，积极推进生态文化建设，不仅有助于解决人类物质生存家园的危机、重建人的精神生存家园，而且对于提升国家文化软实力、增强综合国力具有重要意义。② 生态文化是人类的新文化运动，是人类思想观念领域的深刻变革，是对传统工业文明的反思和超越，是在更高层次上对自然法则的尊重与回归；生态文化强调人类以文化方式生存，所有先进文化都是生存于自然中的文化，人与自然的辩证统一，就是人类生存和发展。

根据以上观点，生态文化可以简单概括为：能反映出人与自然相互关系的历史，人对自然环境的认识适应、改造利用表现为文化，生态文化是人类调整和处理与自然关系过程中所形成的物质成果和精神成果的总和。生态文化是一种以生态价值观为引领的文化现象和文化形态，包括生态文化制度、政策、理念等方面。在国家林业局印发的《中国生态文化发展纲要（2016—2020年)》中，对生态文化有着这样的概括："生态文化以其对自然生态系统的深刻认知，对人与自然关系的平等友好，对和谐共荣的价值追求，对人性本善的社会适应，传递生态文明主流价值观，倡导勤俭节约、绿色低碳、文明健康的生产生活方式和消费模式，唤起民众向上向善的生态文化自信与自觉，为正确处理人与自然关系，解决生态环境领域突出问题，推进经济社会转型发展提供内生动力，契合了走向社会主义生态文明新时代的前进方向，是生态文明时代的主流文化，具有重要的时代价值。"③

由马克思主义的人类社会及其发展规律可知，上层建筑必须适合经济基础发展要求的规律，意识形态与经济基础相互影响、相互作用。那么，生态文化领域也同样适用：先进的生态文化会促进人与自然的和谐发展，而陈旧和落后的生态文化则会进一步加剧生态问题，使人与自然关系的矛盾升级。从广义文

---

① 江泽慧：《生态文明时代的主流文化——中国生态文化体系研究总论》，人民出版社，2013年，第28页。

② 董德福、桑延海：《新时代生态文化的内涵、建设路径及意义探析——兼论习近平生态文明思想》，《延边大学学报》（社会科学版），2020年第2期，第77页。

③ 国家林业局：《中国生态文化发展纲要（2016—2020年)》，2016。

化的角度分析，构建的新时代生态文化，应是以习近平同志为核心的党中央带领全体党员和全国各族人民，以马克思主义为指导，结合中国实际，总结中国社会主义革命、建设和改革开放进程中应对自然环境问题所积累的实践经验，吸收包括中国传统文化在内的人类一切优良生态文化成果，形成的对自然生态环境的科学认知与解决生态环境问题的正确行为及其表现形态。① 马克思主义强调要建立先进的生态文化观，进一步缓解人与自然的紧张对立关系，西方生态马克思主义学者则发展了生态文化。马克思主义认为，社会是以实践为中介的人与自然的辩证统一，是高度的自然主义和人道主义相结合的产物，这一思想是马克思生态文化观的集中体现。"良好的生态文化体系不仅包括精神层面科学的生态价值观念和取向，即隐性的生态文化形式，也包括生态价值观统摄下的生产生活方式、实践活动、制度机制和物质成果等生态文化的外显形式，涉及人们生产生活的方方面面。"②

生态文化具有的特点：以人与自然关系发展为基础，是人与自然和谐发展的文化表现形态，是一种先进文化。对于现代社会来说，生态文化是以确立现代环境价值观念为核心，以树立和提高人类整体环境意识为目标的环保文化。生态文化是生态文明建设的重要内容，高校作为生态文化建设的有力阵地，应充分发掘生态文化的育人功能，将生态文明教育融入学校育人全过程，培养学生的生态价值观，提高学生生态文化素养，为国家生态文明建设做出贡献。加强大学生态文化建设，构建多元生态文化，充分发挥大学文化的导向、激励、凝聚作用，推进校园生态文化建设，有利于发挥其生态文化育人功能。

二、生态文明

生态文化与生态文明是一组相近概念。从广义的角度来说，生态文化与生态文明的内涵基本上是等同的关系，即人类在历史活动中，对自然界的正确认识以及人与自然之间的行为方式、劳动结果的总和。从狭义上讲，生态文化形成了生态文明的思想基础，并为生态文明的发展提供了有效的精神指引和理论支持；另外，生态文明作为生态文化的成果之一，进一步丰富了生态文化的内涵，进一步推动了生态文化的发展。文明是文化的深化，生态文明同样是生态

---

① 陈柯：《新时代生态文化理念的构建》，《宁夏大学学报》（人文社会科学版），2021 年第 4 期，第 15 页。

② 尹刚强、李楠：《加快构建以生态价值观念为准则的生态文化体系》，《国家林业和草原局管理干部学院学报》，2022 年第 2 期，第 5 页。

文化发展的结果。生态文化是人类在社会实践中产生的面对生态的一种价值观，而生态文明则是人类历史所经历的一种社会形态。生态文明是对生态文化的延续和发展，生态文明的核心是生态文化。

从发展理念来看，生态文化和生态文明都主张人类、社会与自然之间的协调发展，和谐共处，并且认为人类的生产、生活等行为都应该以尊重自然、敬畏自然、保护生态等为基本的前提。生态文明可以是一种主体形式，它可以是经济的、政治的、文化的或者制度的，而生态文化则只能指代人的精神文明状态。从概念范畴上来说，生态文化比生态文明的内涵广泛；从逻辑上来说，生态文化早于生态文明。从社会形态来看，生态文明是人类社会发展程度上展现出来的更为高级、更为复杂的发展形态，生态文化成为生态文明时期的精神内核，也是生态文明时代的以社会主义核心价值观为根本向度的主流文化。无论是依据生产力划分的工业文明、农业文明，还是依据地缘划分的古埃及文明、古印度文明，其潜在的标准仍是隐藏其后的文化观念。瓷器文明、火药文明、互联网文明等也是依据时代所具有的文化环境而形成的，生态文明也是如此。正是在特定的生态文化背景下才能产生相应的生态文明，生态文明是历史的。生态文明的实现关系到每一个社会成员，需要整个世界的绝大多数国家和民族具有基本的生态文化素质，积极推动生态文化的发展。

马克思具备生态意识，他要求保护自然，建立先进文化，主张将科学技术与生态文明建设联系起来，发展循环经济，减少对自然资源的浪费和维护大自然的生态平衡。我国生态文明建设的生态价值观应是对近现代工业文明价值观的超越，是否定近现代工业文明的价值观，否定将人的价值作为衡量万物的尺度，肯定其他生物的内在价值，主张自然界其他生物存在的价值就是满足人的内在需求。因此，我国生态文化价值观的核心主张应是肯定自然界内其他的生物所具有的内在价值，主张人与自然、人与人之间的关系应该是建立在和谐、稳定的整体性关系框架之内，消弭人与自然、人与人之间的矛盾和冲突，从而实现协调发展，承认"人—社会—自然"的价值存在，人同其他生命体一样，具有自身存在的目的和内在价值。

第三节　中国传统生态智慧与环境保护实践

一、中国传统生态智慧

中国古代没有现代意义上的生态环境学，对生态环境的认知主要源自人们长期实践经验的归纳与总结，并融合在习俗、神话、乡规民约及"儒释道"思想等传统文化中。在工业社会到来之前，人们敬畏自然，精耕细作，消耗资源的速度在自然界可承受的范围内。中国古代思想家早在奴隶社会时期，就有着对自然生态的思考，历代思想家的自然观不断融合演变，形成了生态智慧，可以将其概括为：天人合一的生态世界观、珍爱万物的生态伦理观、和谐共荣的生态实践观。

我国古代的"天人合一"思想，将人与自然视作一个有机的整体，主张顺应自然、保护自然、尊重自然。道家学派经典书目《周易》提出，人们的行为要顺天而动、适应自然，使大自然造福于人类。这一观点既肯定了天人关系，承认规律性的客观存在，也体现出追求天人的和谐，敬天保民的思想，正如"天地与我并生，而万物与我为一"。在道家看来，人与自然之间的最佳状态是建立在尊重的基础之上，至人无己，神人无功，圣人无名，三位一体，与道同体，皆无所待。① 在儒家看来，天地与人之间是相互促进的协同关系，所谓"天人合德、共生共荣"，即指人要与天地万物和谐相依。王阳明在《大学问》中也指出，"天地万物一体之仁"是儒家思想中关于自身德行的提升目标，更是实现人与自然和谐相处的最终理想。儒家重视人类社会的发展，强调社会的和谐，重视人的价值独立性和道德属性的价值。但是，儒家与道家思想均肯定自然的运行的有机整体性，承认自然的内在价值，同时视人与自然是整体的关系。

中国优秀传统文化中珍爱万物的生态伦理观与可持续发展理念的内涵是高度契合的，为现今我国推进生态文明建设提供了重要的思想土壤。儒家思想突出彰显"仁德"的普适性价值，道家以道法自然为内核，认为人类的活动应遵循和效法天地、自然的运行之道。在方法论方面，中国传统生态智慧的合理内

① 张默生：《庄子新释》，齐鲁书社，1993 年，第 80 页。

核是自强不息的精神、重视知行合一的态度、民间组织与民众基于敬畏形成的自我监督管理手段以及基于自然的解决方案等。[①] 但古代文化更加强调人对自然及生态的依赖性，将自然与生态神秘化，没有充分发挥人类的主观能动性，没有展现出人与自然的真正联系。

二、环境保护实践

中国传统生态智慧是在农业文明的生态实践中逐渐发展和成熟的，人与自然的和谐相处体现在古人生活的方方面面，管理者从制度、律法、技术等方面进行生态实践，这些法令既改善和保护了自然生态系统，也是维持农耕经济协调发展的重要保障。周代时建立了世界上最早的环境管理机构，设置了"山虞"（掌管山林）、"泽虞"（掌管湖沼）、"林衡"（掌管森林）、"川衡"（掌管川泽）等职务，较好地保护了当时的动植物资源。[②] 在此基础上，荀子提出把保护生态环境、永续利用生物资源和实施可持续发展贯彻到了对君王威德的政治制度的实践要求中，以后历朝历代都对生态环境保护的制度和法规有所增益。《荀子·王制》有明确规定，"圣王之制也，草木荣华滋硕之时，则斧斤不入山林，不夭其生，不绝其长也；鼋鼍、鱼鳖、鳅鳣孕别之时，罔罟毒药不入泽，不夭其生，不绝其长也；春耕、夏耘、秋收、冬藏四者不失时，故五谷不绝而百姓有余食也"。[③]《吕氏春秋》中详细且系统地规定了保护环境的法令和实施细则。《秦律·田律》中提到，不到夏日，不得烧草为肥，不得采摘正在发芽的植物，不准捕捉幼兽、掏取鸟卵等。明代徐光启在《农政全书·旱田用水疏》中强调，治田治水，可以尽地力，可以救旱防旱，可以救潦防潦。

同时，相生相克、用养结合、多种经营、综合发展、因地制宜的生态技术与办法也在生产生活中广泛应用，这些实践智慧让中国古代的土地在长期集约耕种情况下，没有出现大范围的地力衰竭现象。如《吕氏春秋》中记载"地可使肥，又可使棘"方法，即用养平衡思想；《齐民要术》记述循环生产，稻子收获以后，要用三分之一的土地种油菜，一亩油菜收菜籽二石，榨油八十斤，饼一百二拾斤，可作三亩地肥料，供两茬庄稼消耗。明后期南方的"桑基鱼塘"生态农业模式更是农业综合生产和生态循环的智慧实践。除了开发技术精

---

① 李萌、潘家华，《中国生态文明建设与生态文化范式的重构》，《贵州社会科学》，2021 年第12 期，第 24 页。

② 杜艳婷：《中国古代生态思想与当代环境伦理观的构建》，青海师范大学，2011 年，第 18 页。

③ 张晚林：《古典名著全本全注全译 荀子》，岳麓书社，2022 年，第 138 页。

细化外，还有保护式开发自然的智慧，如著名的都江堰水利工程和苏州园林，这是中国古人对自然环境保护式开发的典范，至今仍发挥着重要作用。都江堰"深淘滩，低作堰"的设计理念充分体现了中国古人顺应自然的生态意识，苏州园林则是反映了古人"咫尺之内造乾坤"的自然美学追求。

第四节　生态文化异化与生态危机

一、生态文化异化

近代文化在一定程度上帮助人类更加全面、清晰地认识自然，减少了"神"的色彩，也因此削弱了自然对人类行为活动的约束力。近现代文化存在自身局限性，对自然环境具有一定的破坏作用，主要表现在三个方面：一是过分突出人的认知理性，忽视了自然万物共生过程中形成的有机联系和有机运化；二是在理性基础上形成的以掠夺和控制为主的价值取向是加剧生态危机、激发人类生存矛盾的直接原因；三是理性认知、技术理性的片面化造成思想统治人自身的身体，最终导致了人的异化。

在原始文明时期，人类敬畏自然。正如马克思所言："自然界起初是作为一种完全异己的、有无限威力的和不可制服的力量与人们对立的，人们同自然界的关系完全像动物同自然界的关系一样，人们就像牲畜一样慑服于自然界。"① 在农业文明时期，人类开发自然的能力还很有限，人类依赖自然，人与自然总体上还能保持和谐。但在工业文明时期，人类科技获得巨大进步，开始掠夺性地开采自然资源。

在工业文明时期，生态文化出现了异化。"异化"作为一个哲学和社会学名词，是指主体由于自身矛盾的发展而产生自己的对立面，产生客体，而这个客体又作为一种外在的、异己的力量而凌驾于主体之上，转过来束缚主体，压制主体。工业文明时期的生态文化明显处于异化状态。在工业化大生产的基础上，物质极为充裕却分配不均，这时的人们重视追求个体经济利益，渐渐地导致了人类社会的"碎片化"；在物质主义、经济主义和消费主义等价值观的支

---

① 中共中央马克思恩格斯列宁斯大林著作编译局：《马克思恩格斯选集》（第一卷），人民出版社，2012年，第161页。

配下，人被"异化"成了"消费动物"。生态文明是文明的一种新形态，是更高一级形态的文明。工业文明在给人类带来丰富的物质财富和取得巨大的社会进步的同时，也引发了日益严重的生态危机，这也促使人类的生态意识开始觉醒，对生态文明进行探索，生态文化的回归成为必然。学者开始研究环境保护与防治污染的技术，并从哲学角度分析人与自然的关系，环境保护知识逐渐发展为学科理论。生态文明在克服工业文明的"异化"现象后，它的目标是实现人类社会的可持续发展以及个人自由而全面的发展。人类必须确立人与自然和谐生存的新生态伦理观，并使每一个社会成员具备一定的生态伦理素养。生态文明不仅能够实现人与自然间和谐，实现经济发展的生态化、绿色化，使人们的消费方式走向适度消费，而且能够实现人的本质的复归与社会公平公正的实现。[1] 我国所提出的生态文明建设，正是对马克思生态文明观的继承与发展。

二、生态危机

在工业文明时期，科技水平的发展也扩大了人类攫取自然资源的能力，在人类中心主义的观念影响下，人类只承认自己具有内在价值，而把非人类的一切自然物当成人类主体可以随意征服和支配的客体。工业扩大化生产消耗了大量的自然资源，如木材、煤炭、矿产、水、土地、化石燃料，等等。随着工业革命的推进，所消耗的自然资源急剧增加，环境污染问题日益严重。

进入工业文明时期后，曼彻斯特的棉纺织业人口和居住人口急剧增加，成为名副其实的工业革命重镇，是英国煤炭的最大消费地之一。1852 年，曼彻斯特首次发生酸雨现象，1873 年、1880 年、1891 年，伦敦相继出现烟雾污染。1930 年 12 月，在比利时的马斯河谷工业区，含二氧化硫的大雾导致数十人死亡，上千人中毒，大量家禽死亡。大范围、大规模的工业化机械发展致使水体污染严重。

人类过度开发自然资源的后果是难以想象的，良好宜居的生态环境是难以挽回的。相当多的国家在推进现代化进程中，仿效了西方国家的粗放式开发，产生了类似的问题：森林破坏严重、水土流失、土壤沙化、大气污染、生物死亡，等等。究其根源，这是由于发展观念的片面和资本主义世界市场裹挟而产生的后果。正如学者王凤才所说，生态危机的深层原因在于工业文明发展模

---

① 王黎明：《人类命运共同体视域下工业文明向生态文明的转向》，《广西社会主义学院学报》，2021 年第 5 期，第 23 页。

式，以及背后的征服论自然观。"生态危机就是工业文明发展模式的危机，是现代化、工业化、城市化的必然结果。"① 部分国家忽视了社会结构的变革和分配公平，只依靠投入资金和技术促进经济发展，以消耗大量的自然资源为代价，造成了日益严重的环境污染。同时，劳动人民并没有真正享受到经济发展成果，贫富分化加剧，低收入阶层为了生存只得破坏自然环境，形成恶性循环。

---

① 王凤才：《生态文明：人类文明 4.0，而非"工业文明的生态化"——兼评汪信砚〈生态文明建设的价值论审思〉》，《东岳论丛》，2020 年第 8 期，第 12 页。

第三章　融合：大学文化与生态文明

现代大学在整个发展过程中都秉持着"学术自由，追求真理，科学进步"等思想，大学文化具有极大的包容性和先进性。当人类面临生态问题时，大学也展现出自己的行动和担当，通过一系列措施促进"绿色大学"的发展和生态文明建设，在传播知识的同时也服务社会。

第一节　大学与大学文化

一、大学

现代意义上的"大学"是从 12 世纪末在西欧出现的一种高等教育机构发展而来。这一高等教育机构具备现代大学的雏形：组成了系和学院，雇佣了稳定的人员从事教学工作，开设规定性的课程，实施正式的考试，并为学生颁发被认可的毕业文凭或学位等。由此看来，现代大学的起源可以追溯到 12 世纪的欧洲。

12 世纪至 19 世纪，西方学者心中普遍的价值取向是学术自由。19 世纪，受资本主义发展的影响和科学技术进步的要求，大学需要为社会培养高水平实用型人才。1810 年，德国正式建立柏林大学，普鲁士王国国王威廉三世指出，"大学是科学工作者无所不包的广阔天地，科学无禁区、科学无权威、科学自由。"[①] 有学者认为，西方现代大学的诞生以美国威斯康星大学为标志，"威斯康星思想"把大学转化为一方面保留学术自由，另一方面成为促进社会发展进步的重要组织机构。西方现代大学是一种促进社会发展进步的机构，具有独立

---

① 张杰：《文化与政治冲突中的柏林形象》，《中华读书报》，2016 年 4 月 13 日，第 13 版。

的品格和基本的学术价值，通过运用大学的文化、知识和精神的力量，培养高级人才，大学不仅为社会经济发展服务，也推动了社会的文明昌盛。

基于文化的复杂性和多元性导向，现代大学较之古典大学，其与社会的联系愈来愈密切，且面向社会的多种需求教育并培养人才。因此，为社会服务成为现代高等教育机构的重要职能。大学从远离世俗社会的"象牙塔"逐渐演变成信息时代经济社会发展的"火车头"，社会的关系网越织越密，现代大学的变革与发展取决于社会的需求与变化。随着全球化的不断深入，跨文化交际和多元文化碰撞使现代大学的性质发生了根本变化。大学的知识生产模式发生了质的改变，知识生产的排序也更加注重实际应用：技术知识优于应用科学优于基础科学。"高等教育由注重学术本位到更加重视社会本位，日益强调知识的应用价值，强调高等教育机构为社会做出的现实价值；由注重知识生产到注重知识生产与应用并重，重视产学研相结合，建立大学—企业联合应用中心和科学工业园区，尽可能将研究成果转化为现实生产力。"[1]

二、大学文化

从发展演进的历史过程看，现代大学一直是引领人类思想进步的文化中心，而学者对大学文化的发展历程和价值功能也有诸多表述，大学文化有物质载体，也有精神力量，有其文化继承性和创新性，也有育人功能和治理功能。中国传统的大学文化，是一种关注人如何为人的文化，可概括为"内圣""外王"两个维度展开的教育文化，而西方现代大学则以"学术"为根本，形成了"为知识而知识"的文化传统和科学精神，始终坚持求真求知。起源于中世纪欧洲的现代大学从一开始就表现出了鲜明的学术性、自治性、国际性、综合性等特点。从大学教育的起源和历史发展进程来看，大学自身就是一个具有鲜明文化属性和承担社会文化传承创新职能的重要社会组织。大学文化是一种限定在一定空间，面向特定环境中的群体进行信息交流和知识传承创新时产生的区域文化。

大学文化是大学这一组织形式在历史中形成的精神遗产，也是现实的精神财富，促进了知识创造和文化传播，也推动了社会民主管理、自治治理的实现。所谓大学文化，本质上就是以大学为主体所体现的思维与行动准则，是对

---

① 李立国：《建立以人才培养为核心的高校分类体系》，《山东高等教育》，2014 年第 8 期，第16 页。

大学的本质、功能和发展规律的理解和价值追求的集中反映。[①] 学者汪明义认为，大学文化是指大学在发展进程中形成的比较稳定的理念、制度和特色的凝练和提升。[②] 学者郭金秀认为，狭义的大学文化比较偏向精神文化方面的解读，大学文化是一种大学理念和大学精神。广义的大学文化是指大学在长期办学实践的基础上积淀和创造的大学精神文化、物质文化、制度文化和行为文化的总和。[③] 学者眭依凡、俞婷婕等人认为大学文化概念内涵从属于文化概念内涵，大学文化是对社会文化反复选择加以吸收并融入大学自身意志和个性的文化类型，是大学经历史积淀、选择、凝练、发展而成的，高度成熟并为大学及其组织成员高度认同的以精神为核心的文化结构。[④] 大学所坚守的学术自由、学术自治的精神理念也促使大学自治制度的形成。科学民主的大学制度，自由创新的大学理念，保障了大学对科学真理和社会正义的追求，也为社会确立了崇尚科学真理、崇尚民主自由的文化导向。

　　大学文化主要有三个特点：时代性、创新性、继承性。大学在近千年的发展历程中，通过创新知识、传授知识、传播文化而对社会文化发挥着巨大影响力，引领文化发展成为现代大学与生俱来、影响深远的重要功能。[⑤] 从大学文化的发展历程中可以发现，大学文化总能最先反映社会发展的文化成果，甚至在一定程度上引领了社会文化的发展。学者乐守红认为，大学文化传承体现于大学文化意识、格局、态度和品格四个方面，在文化内容上，大学文化具有独立鲜明的文化意识、开放包容的文化胸襟、理性深沉的文化态度和守正创新的文化品格。[⑥] 创新是大学生命力的关键，也表现为大学文化的特点。大学的历史传统往往能对师生产生持续性的影响，继承性是知识积累学习的本质。大学文化是物质性的，通常被称为学校的"硬件"建设，主要包括大学校园环境、基础设施状况、学科专业设置、师生结构等。大学文化还是一种由大学的组织结构及其运行机制形成的制度文化。大学文化是一个发展的过程，随着时代的

---

① 白双翎：《新时代大学文化建设的使命及要求》，《理论视野》，2021 年第 8 期，第 68 页。
② 汪明义：《论大学文化的内涵与本质属性》，《中国高教研究》，2014 年第 2 期，第 31 页。
③ 郭金秀：《文化生态学视野下转型地方大学文化发展研究》，《黑龙江高教研究》，2021 年第 8 期，第 21 页。
④ 眭依凡、俞婷婕、李鹏虎：《关于大学文化学理性问题的再思考》，《清华大学教育研究》，2015 年第 6 期，第 3~4 页。
⑤ 苗文利：《大学在当前文化建设中的责任与使命》，《中南大学学报》（社会科学版），2009 年第 2 期，第 247~248 页。
⑥ 乐守红：《高等教育国际化进程中的大学文化传承功能研究》，《江苏高教》，2021 年第 11 期，第 77 页。

发展而发展变化。

大学文化究其文化属性同样有着育人价值，能够成为大学校园的隐性治理手段，培育良好的大学文化是大学治理能力现代化的体现。大学文化沉淀着大学发展的精神内核，凝聚着大学办学理念和办学追求，嵌入在大学治理的方方面面，发挥着潜移默化的作用。文化育人建设已成为大学育人体系中的一项重要措施，重视大学文化培育，始终坚持着"以人为本，立德树人"的根本任务，坚持中国特色社会主义性质和方向，增强社会服务能力。大学既是组织机构，也是文化交流中心，"大学文化"中的"化"强调培育和塑造，核心在"人"。学者宁友金认为，大学文化建设要始终把载道、育人、化人和培元作为使命任务，促动师生在大学文化的引领、熏陶和感染下自觉成长为符合党和国家以及经济社会发展需要的有用人才。[1]

大学文化是实践的，是有规律的，是可创造的，在传承中创新，在借鉴中批判，在实践中得到检验。大学精神是一所大学在长期办学过程中形成的具有独特气质的精神形式，具有价值导向、精神陶冶、规范约束、群体凝聚、社会辐射等重要功能。学者杨胜才和谭高贵认为，"大学要用中华优秀传统文化涵养现代大学文化，构建和完善以传统文脉为深厚底蕴的大学道德体系，以高尚的道德品质引领时代风尚。"[2] 高校建设大学文化应该立足实际，定位清晰，大学文化的选择至少要做到三个统一：合目的性与合规律性的统一；保守性与灵活性的统一；历史传承与发展创新的统一。新时代大学文化构建仍要坚持立足实际，注重特色，开放包容，与时俱进。

第二节　生态文明建设实践与大学生态文化

大学文化是校风、学风和办学特色的集中体现，大学校园生态文化建设已日益成为教育领域一项重要的工作。大学文化具有重要的育人作用，"作为传承大学文化精神的重要途径，校园环境是承载大学文化精神、展现其美的意境的客体"。[3] 从世界范围来看，创建绿色大学已成为一种趋势，大学文化基因

---

①　宁友金：《大学文化建设的使命追求与实践要求》，《山西高等学校社会科学学报》，2023 年第 1 期，第 57 页。

②　杨胜才、谭高贵：《以中华文化推进大学文化建设刍议》，《学校党建与思想教育》，2022 年第 24 期，第 87 页。

③　庞杰：《大学校园环境文化建设的问题及基本思路》，《求知》，2015 年第 6 期，第 43 页。

能与绿色可持续观念相适应。绿色校园成为新时代绿色大学建设的外在形式，成为培育和践行绿色生活方式的空间载体。促进绿色大学发展，这要求教育理念、教育实践，以及学校师生的生活行为方式、校园建设等都要与可持续发展相适应。在此过程中，大学文化和生态文化才能交融并且得到发展。

一、绿色大学建设与生态文化的融合

生态文化作为现今世界文化的主流意识形态之一，生态文化与大学文化发展必然地走在了同一轨迹，生态文化成为大学文化的重要组成部分。现代大学文化建设的重要内容与生态文化建设的内在要求基本一致，绿色大学的建设步伐正在加速。

部分高校早已开始了在绿色大学理论与实践方面的探索，并形成了成熟的建设方案与模式。剑桥大学设立了可持续发展研究部门，成立交叉学科环境综合教学委员会（CIES）并开设了可持续发展方面的课程，重点资助与可持续发展相关的课题；麻省理工学院制订了校园能源计划，希望在提高能源效率、减少温室气体排放等方面开展绿色校园建设；而耶鲁大学成立了可持续发展特别小组，制订了可持续发展计划，明确了未来几年的可持续发展目标；东京大学也实施了一系列有助于节省能源的措施，如更新大型热源机器，在照明设备上加装感应装置，等等；新南威尔士大学的绿色校园建设，则主要从能源、水资源、资源回收、再利用中心、绿色出行这五个方面展开。"英国于 1997 年由 25 所大学共同成立了高等教育 21 委员会（The Higher Education 21，HE-21），拟定关于高等院校可持续发展的行动策略。所强调的是环境管理系统（Environment Management System，EMS）中的持续改善（Continuous improvement），并开发了针对环境、社会与经济方面的评量指标（Forum of the Future，1998）。"[1]

在世界范围内，创建绿色大学已成为提高学校竞争力或争创世界一流大学的重要举措。据北京大学中国国情研究中心设计实施的"全国公众意识调查报告"发现：受教育程度是影响人们环境意识的重要因素，受教育程度越高，越重视环境问题，青年的环保知识水平较高。大学开展环境教育的作用越来越明显，大学生的环境意识越来越强。通过创建绿色大学，培养适应全面建设小康

---

[1] 蔚东英、胡静、王民：《英美绿色大学的建设与实践》，《环境保护》，2010 年第 16 期，第 53 页。

社会所需要的人才，是高校共同的战略选择。

部分西方国家绿色大学创建进行得深入而全面，为我国绿色大学的创建、发展和完善提供了一定的思路。在大学开展生态文化教育，最重要的还是培养大学生科学的生态世界观，在于对学生进行正确的思维引导。作为生态保护的排头兵，更应顺应时代潮流，努力发挥积极作用。绿色大学必须遵循高等教育的基本规律，遵循科学规律，尊重自然、顺应自然、保护自然、利用自然。按照环境友好和资源节约的思维导向，坚持创新、协调、绿色、开放、共享五大发展理念，推进绿色发展、和谐美丽的社会建设，构建人与自然生命共同体，夯实中国特色社会主义现代化建设的生态基础。在国家层面，要健全与环境相关的法律和政策；在社会层面，建立环境组织促进绿色大学建设；在高校层面，可邀请专业人士为大学提供指导。高校应以生态文明观为指导，更新教育理念，提高学生自身可持续发展能力，实施全面发展教育，培育校园的绿色文化、绿色精神，营造和谐协调的教育生态，构建绿色教育体系。

二、生态文明建设与大学生态文明教育

生态文明建设是一场从思想意识、价值理念，到思维方式、行为方式、生产方式、生活方式的自我革命，是制度文化、物质文化和精神文化的全面创新。大学生态文化创建是服务生态文明建设，顺利推进及经济可持续发展的内在要求，是文明进步的本质要求，需要不断加强生态文明教育，通过教育使大学生具备生态文明建设的基本素质和能力。

我国高校生态文明教育与环境教育、绿色教育、环境道德教育、生态伦理教育、生态价值观教育等密切相关，都是着眼于培养学生良好的生态素养。早期我国高校开展的关于环境保护的教育教学活动等都属于环境教育的范围，直至 1996 年，国家环境保护局、中共中央宣传部、国家教育委员会颁布了《全国环境宣传教育行动纲要（1996—2010 年）》，这也是高校环境教育的政策支持和法律保障。进入 21 世纪，我国大学开始注重绿色教育，发布了《长城宣言：中国大学绿色教育计划行动纲要》，举办了第一届全国大学绿色教育研讨会等活动。无论是环境教育、绿色教育，本质上都属于生态文明教育，也就是教育学生科学认识生态环境、合理利用生态环境、自觉保护生态环境。高校开展环境道德教育、生态伦理教育、生态价值观教育也是生态文明教育的重要内容。郝小龙、邹路易、张光生等指出，环境道德教育主要是使人们全面认识、

了解和解决环境问题、改善环境质量而采取的教育手段。① 加强对大学生环境道德教育，对带动全民实现环境道德从应有到实有的转化至关重要。大学开展生态文明教育是在教育观念、教育功能和教育任务等方面融入生态环境的相关内容，进而从人才培养的角度整体上科学建构人、自然、社会协调发展的教育教学体系。刘建伟指出了大学生态文明教育的目的，当代大学生要适应时代需要在建设节约型社会中贡献力量，必须具有科学的生态道德观，了解自然资源和生态环境知识，正确认识中国的资源和环境现状，自觉履行对生态环境的责任和义务，实现自身由生态觉醒到生态自觉的转变。②

从文化的角度看，大学开展生态文明教育的直接效果就在于促进学生学习和践行生态文化。刘建荣认为，学习和践行生态文化是新时代大学生应有的担当，大学生态文化教育的范式构件包括知识的时代性、方法的科学性、环境的实感性、思维的导向性、价值的选择性、实践的场域性。③ 在我国，大学培养的人才将成为社会各行各业的中坚力量，大学致力于贯彻可持续发展战略，服务社会主义生态文明建设，重要的是培养和塑造具有良好生态素养的高素质人才。因此，加强对大学生的生态文明教育，培养和提高大学生的生态素养，这是新形势下大学落实育人根本任务的要求和大学文化建设的内容，同时也是生态文化建设的必然要求，因为生态文化建设的根本在于提高人类整体的环境意识，最终实现人与自然的和谐发展。

生态文明教育与生态文化的理念是一致的，大学开展生态文明教育的过程也是新的大学文化再次凝练、创新、发展的过程，是大学文化与生态文化相互交融、相互渗透的过程。这要求大学文化中的一系列要素，如教育理念、教育实践及师生的生活行为方式、校园建设等都要与生态文明教育相适应。冯亚平和华启和认为，高校环境伦理教育应该侧重于教育学生形成新的环境价值观、树立可持续的发展理念和绿色消费观教育。④ 大学的生态文化教育是"知行合一"的教育，知识上指生态知识教养、生态伦理教养、生态审美教养；行为上指关于人类生活实践的教养。

---

① 郝小龙、邹路易、张光生等：《当代大学生环境道德教育的思考与探索》，《阜阳师范学院学报》（社会科学版），2009 年第 2 期，第 85 页。

② 刘建伟：《高校开展大学生生态文明教育的必要性及对策》，《教育探索》，2008 年第 6 期，第 17 页。

③ 刘建荣：《大学生的生态文化认知与践履》，《湖南社会科学》，2021 年第 2 期，第 9 页。

④ 冯亚平、华启和：《高校环境伦理教育的内容与途径探究》，《湖北经济学院学报》（人文社会科学版），2009 年第 9 期，第 168 页。

在生态文明建设背景下，大学文化中必然要融入生态文化内容，大学生的生态文明教育是培养全面发展人才的需要，进一步讲，这也是解决人类社会生态危机、实现人与自然和谐的教育路径，大学生态文化发展是高校改革发展的必然。大学生态文化已是大学文化的一个组成部分，已融入大学物质文化、精神文化、制度文化之中；大学生态文化主要以大学生态文明教育为表现形式，以生态环境科研为依托，以生态素养提升为目标；大学生态文化建设的主体是大学教师和学生。

面对当前在生态文明教育中存在的一些问题，高校亟须积极推动生态文明教育改革，以满足时代对人才培养的新需求。生态文明教育应深入洞察当前生态问题的社会结构性根源并进行系统性的实践，以唤起大学生内心深处对自然本源的向往。要探索建立系统性和整体性强的生态文化教育体系，培育人们深层次的生态意识。对生态文化教育体系构建，应包括五个方面："一是重视生态文化的大学课堂教育，二是重视生态文化的校园文化融入，三是重视大学生的人与自然协调思维范式培养，四是重视大学生绿色消费的生活方式渗透，五是重视大学生的生态环境保护实践拓展。"① 要建立生态文明教育的新传播媒介体系，实现对学生生态文明教育的全覆盖，同时全社会为推进生态文明建设提供支持。在大学的生态文明知识传播中，教师应成为主导者，为塑造具有良好生态素养的时代新人贡献智慧与力量。

从实践方面看，高校还可以充分利用社会实践活动开展生态文明教育，从实践中不断提升大学生的生态素养。2021年暑假，西南科技大学环境资源学院的学生组成"安源"社会实践团队赴四川省南充市营山县，开展"下乡观水情，治污在行动"系列实践活动，团队为县域农村生活污水治理规划提供了一定的数据支持和防治建议，解决了村民们的排污困难问题。2021年3月，西南科技大学信息工程学院精神文明调研小分队在对村庄、社区、公园的市民进行环保调研的同时，队员们积极向市民宣传环保知识和垃圾的环保处理方式。2021年8月，成都理工大学环境与发展协会参与中国环境科学学会主办的"大学生在行动"生态环境科普活动，有针对性地建立了一支师生志愿者队伍，在成都市二仙桥学校、成华区青龙街道东林社区、二仙桥长林盘社区先后进行了7次宣讲，开展了以垃圾分类宣传教育和调查研究为重点的系列活动，他们根据不同地区的垃圾分类现状，尝试给出解决方案并提出了合理建议。

---

① 刘建荣：《大学生的生态文化认知与践履》，《湖南社会科学》，2021年第2期，第9页。

第四章 阐释：大学生态文化内涵

生态文化是一种具有自主结构和功能的文化体系，由人们的生活方式、生产方式、宗教信仰、风俗习惯、伦理道德等文化因素组成。党的十八大以来，党和国家对生态文明建设的认识逐渐深入，体现了党和国家推进生态文明建设的坚定意志和文化自觉。但是，人们的生态自觉不可能凭空产生，必须加以引导和培养。大学校园作为培养民族希望和国家未来的主力军的重要场所，对推进生态校园文化建设，实现大学生态文化发展具有重要的现实意义。大学生态文化内涵集大学精神文化的生态观融合、大学制度文化的生态化嵌入及大学物质文化的生态化实践为一体，凝结和丰富大学生态文化内涵是推动大学生态化发展的基础。

第一节 大学精神文化的生态观融合

大学精神文化是一种具有独特精神形式的文明成果，它在大学的存在和发展中不断形成、发展，是精神追求的具体凝聚。要实现大学的生态化发展，必须从大学精神文化入手，助力大学精神文化的生态观融合。在此意义上来说，即需从融入中国传统生态智慧的价值意蕴、融入现代生态意识的丰富内涵、融入生态价值观培育的文化资源三方面入手。

一、融入中国传统生态智慧的价值意蕴

中国传统智慧中蕴含着浓浓的生态价值观，其倡导构建和谐的生态环境，顺应和保护自然的生态理念不仅对古代中国生态环境的保护和建设起着重要的作用，对解决现代中国生态环境问题也提供了坚实的思想和实践基础。将我国传统生态智慧融入大学精神文化，是时代发展的现实需要，更是大学精神文化

建设不可或缺的一部分。围绕【案例一】"融入中国传统生态智慧教育，在增强文化自信中推进大学生态文化建设"主题，我们专门就中国传统生态智慧与高校学生思想政治教育展开了调查问卷分析，从中也可以看出，部分高校在厚植中国传统生态智慧上已相当重视，在具体实践和落实方面也做出了努力。同时，为继续传承和弘扬中国传统生态智慧，构建生态校园，还要做到构建生态校园精神文化、坚持生态环境教育。

（一）坚持和谐思想，构建生态校园文化

"和谐"是刻入中华民族骨髓的重要思想，其与生态校园建设的思想是高度一致的。坚持"和谐"思想，推进生态校园的精神文化建设，主要体现在确立生态校园的和谐价值标准，规范生态校园的和谐行为习惯等方面。构建生态校园的精神文化，应当充分继承和发扬中国优秀传统生态观念，坚持"和为贵"思想，秉持人与自然和谐的理念。大学生作为校园文化的主体，对实现大学精神文化的生态观融合具有重要的推动作用。因此，"在教学中全方位、多角度树立生态和谐理念，有助于提升当代大学生生态意识，使大学生受到生态思想启迪，性情受到陶冶，品格得以形成，在校园生态文化创建中不断提升大学生社会生态责任意识。"[①] 坚持和谐思想，构建生态校园文化应做到以下四点。

1. 确立和而不同的价值取向

"和实生物，同则不继"是绵延数千年的中国智慧。而当代大学的价值取向可以集中概括为求真与求善两个维度，这是客观真理，不以人的意志转移。求真指在科学的理论与方法的指导下不断地认识事物的本质，从而不断把握事物的发展规律，注重于培养学生的科学精神；求善是人对自然与社会的忧患意识和责任感，源于对人自身个性和人格的关怀，求善就是培养学生的人文精神，所追求的是满足个人与社会需要的终极关怀。求真与求善，两者之间既相通共融，又相异互补，充分彰显了"和而不同"的价值取向。大学作为培养高层次人才的专门场所，要坚定求真与求善并重的理念，尽可能实现科学教育与人文教育的统一，促使学生智能发展与人格发展的统一，共性发展与个性发展的统一。

---

① 邹丽芬：《传统生态思想视域下大学校园生态文化建设》，《沈阳农业大学学报》（社会科学版），2014 年第 2 期，第 180 页。

2. 明确和谐发展的目标定位

当代大学须遵循教育教学规律，坚持规范办学，明确目标定位，走和谐发展之路。和谐发展的目标定位主要体现在四个方面：一是指个体内部的"和"，即指每个师生员工在身心素质、思维意志以及知识能力等各个方面都能和谐全面发展。二是指群体之间的"和"。大学中的个体以各种社会关系为连接的纽带，从而组合形成不同的群体，因此，在各个以社会关系为依托的群体之间，要建立起相互依存的关系与情感，形成和谐的人际关系，愉快的交际氛围。三是指学校整体的"和"，学校内教育教学、科研行政、后勤服务等各部门在开展工作时须大力配合，使工作能高效完成；学校内的体制机制及管理制度等要紧密配套。四是指学校与外界的"和"，其包含本校与他校、学校与所在地区、学校与社会，要形成一种良性互动与协调发展的和谐格局。

3. 坚持和睦相处的行为规范

营造和谐氛围的重要方法即是遵循和睦相处之道，因此，大学师生员工在交流互动时应当坚持和睦相处的行为规范。具体表现为：①仁爱为本的人际交往规范。具有仁爱之心是一种高尚的道德观念和品质，也是人际交往中应该奉行的基本的行为准则之一。②良性竞争的学术环境。大学作为创新知识和先进文化、培养高层次人才的学术机构，要营造一个良性竞争的学术环境。③管理公正。大学的各级管理者要做到办事公正、无私无畏。

4. 营造和美交融的校园环境

和美交融是构建生态校园文化的重要体现，其集中表现在以下方面：①浓厚的文化氛围与科学、人文交融的气息；②校园环境的文明雅致与明礼修身，要"通过中心人文景观凝聚大学精神，充分挖掘文化脉络、所在地的文化史实，传递大学核心价值"[1]。良好的校风、教风、学风绝非凭借少数人的努力所能形成，需要的是全校师生员工统一认识、统一步调，才能做到内聚力量，外树形象。

（二）培育生态自觉，坚持生态环境教育

生态自觉指人们通过对现实社会中出现的一系列生态问题进行思考反省，从而深刻领悟与把握人与生态自然的辩证关系，并因此内化形成人们自觉保护生态的心理与行为习惯。生态环境教育是使受教育者获取环境知识，形成环境

---

① 王建良：《论生态校园文化的构建》，《中国职业技术教育》，2011 年第 35 期，第 61 页。

意识、环境技能、环境心理和环境素质的综合性教育活动。生态环境教育是一项全面的综合性教育，它可以全方位帮助受教育者逐渐形成生态环境意识，提高生态环境素质，增强生态环境保护能力，因此将其纳入高校教育体系势在必行。"和"并非等同于否认问题和矛盾，也不意味着矛盾双方要实现绝对的同一。"和而不同，同则不继"，和谐也是在不断发现、探索和解决矛盾中实现的。因此，"致力于构建高校生态校园，就是要用和谐的生态理念作为学校的基本价值取向"①，进而通过和谐生态理念教育，使人们在受教育的过程中不断提高解决矛盾和冲突的能力，实现自由而全面的发展。

1. 在教学内容上提炼和谐生态理念

教师教学的内容经常会涉及人与人、人与社会、人与自然间的和谐发展关系，也常与社会经济、政治、文化和生态等方面的和谐发展息息相关。教师可以从中提取出构建和谐生态社会的思想，以提高自身素质和自我约束能力，从而促进人们自觉参与和谐校园生态文化建设，实现自身和谐、团队和谐、学校和谐与社会和谐的渐进升华。

2. 在社会实践中践行和谐生态理念

教师可以通过开展社会实践，让大学生能够在亲近自然、贴近社会中迸发和谐生态思维。当大学生真正感受到建设生态校园文化的重要与必要性时，和谐生态校园的理念才能在他们心中生根发芽。在社会实践中，教师也可以不断将现实社会中鲜活生动的例子融入生态环境教育，从而丰富教学内容。

此外，高校思想政治教育要着力加强生态文明教育，不断增强大学生的生态意识。高校辅导员作为思想政治教育工作者，要利用学生乐于接受的生活方式和学习方式，潜移默化地帮助大学生了解大学文化生态理念，通过课堂教学、主题班会等活动，全方位多角度地宣传教育。教师应充分利用日常思想政治教育的泛在性，树典型、悟思想、提素质，让学生充分参与，共促大学生态文化建设。

---

① 蔡文艺：《构建高校生态校园的理性思考》，《高等农业教育》，2013年第6期，第23页。

【案例一】

融入中国传统生态智慧教育，在增强文化自信中推进大学生态文化建设①

一、案例背景

在新的历史时期，积极推进大学生态文化发展，是全面推进生态文明建设的有力保障。高校进行生态文明建设，必须要与国家环保部门和其他组织密切合作，广泛宣传生态文明理念，才能创造出一个良好的生态文明氛围。高校具有文化传承和人才培养的重要使命担当，而青年大学生作为祖国的未来和民族的希望，是实现美丽中国梦的中坚力量，因此，高校开展生态价值教育显得尤其重要。

中华传统文化中蕴含着丰富的生态智慧。儒家"仁民爱物"的生态伦理思想，是从人文伦理过渡到生态伦理的，它既有等级观念，又有时间限制，它既明确了人在自然界中的地位，又明确了自然界中的其他事物在生命链条中的地位和作用，从而使生态伦理与人文伦理在某种意义上达到了一致。道家生态伦理思想的出发点和落脚点是自然无为，强调顺应天道，诠释了人与社会和谐发展的人文意蕴。佛教生态伦理观中更加强调了整体与部分之间的联系与渗透，并注重慈悲为怀和利他精神。传统生态智慧具有较强的价值导向作用，能够对大学生的思想行为产生潜移默化的影响。将中国传统的生态智慧与大学生的思想政治教育相结合，既是时代发展的客观要求，又是大学生全面发展的内在需要。

二、传统生态智慧的课程建设

2020年3月，吉林建筑大学与国内外多所一流高校联合开设了"传统生态智慧与实践"课程。该课程主要针对本硕建筑类专业学生讲授生态智慧良知观以及理论方法，从生态伦理与良知观、东方营城范式的东学西渐、中国生态智慧经典理论及创造思维、中国生态智慧经典案例等四个方面，帮助学生形成强烈的社会责任感、文化自信和家国情怀。云南大学也开设了"中国少数民族的生态智慧"课程。该课程围绕少数民族传统文化中的生态智慧，运用讲解、图片、视频等手段，系统介绍少数民族传统文化中利用生态、保护环境的生产

---

① 本案例由西南科技大学马克思主义学院研究生王雪梅整理提供。

生活方式和民族的民间信仰，阐明人与环境、文化与生态之间的关系，反思现代化和全球化所造成的生态破坏、环境污染，以及少数民族传统生态智慧的现代价值。通过本课程的学习，实现尊重少数民族文化，汲取各民族文化中尊重自然、保护环境和维护生态平衡的智慧，建构具有中国特色的绿色文化的目的。

三、传统生态智慧融入大学生思想政治教育，培养具有良好生态素养的人才

（一）基本情况

将传统生态智慧融入大学生思想政治教育，是提升大学生生态文明素养的重要途径。为进一步了解师生对传统生态智慧的认知度及传统生态智慧教育在高校的开展情况、目前存在的问题、对策建议等，著者团队对四川省五所高校的部分学生及教师进行了访谈及问卷调查，详细问卷见附录1。本次调查发放了1000份问卷，其中，有效问卷为976份，回收率高达97.6%。在回收的976份有效问卷中，有856位学生和120位教师。调查对象基本情况见表4-1。

表4-1 调查对象基本情况

样本特征	类别	频数	占有效问卷百分比（%）
身份	教师	120	12.3%
	学生	856	88.4%
学生年级	大一	204	20.9%
	大二	274	28.0%
	大三	210	21.5%
	大四	168	17.2%
性别	男	538	55.1%
	女	438	44.9%
学科类别	文科	530	54.4%
	理科	252	25.8%
	艺术	194	19.8%

（二）中国传统生态智慧融入大学生思想政治教育

1. 高校师生对传统生态智慧的认知较好

调查显示，有67.25%的学生表示阅读过与传统生态文化相关的图书，80%的学生对中国传统生态智慧所包含内容的认识比较清晰。

2. 传统生态智慧教育在高校的开展不均衡

调查显示，有89.63%的教师认为自己所在学校没有专门开设与传统生态智慧相关的课程，93.00%的学生也认为没有；但是在问及"您所学的专业课程里有没有涉及中国传统生态文化的相关内容"时，73.27%的学生表示有涉及；当问及"您所在学校的生态环保类社团是否开展过宣传中国传统生态文化的活动"时，65.00%的教师、63.34%的学生表示有过；在问及"您所在学校开设过关于中国传统生态智慧的专题讲座吗"时，70.43%的学生表示没有，53.45%的教师表示开展过，30.00%的教师表示没有开展过。通过调查显示，学生和教师对该类问题的认识还比较模糊，表明高校开展此类讲座还是较少。

3. 学生对中国传统生态智慧的学习兴趣缺乏，知行不一

调查显示，87.65%的教师、77.45%的学生认为高校应该开设与传统生态智慧相关的课程；90.00%的教师认为高校思想政治理论课有必要涉及中国传统生态文化的相关内容；调查显示，有70.32%的学生对传统生态智慧缺乏兴趣，有65.45%的受访者认为学校不重视传统生态文化方面的教育，有60.82%的受访者认为在社会上没有形成学习传统生态文化的氛围，有47.65%的受访者认为传统生态智慧不符合现代社会的发展，可以看出，这些都是导致传统生态智慧在思想政治教育中缺失的重要因素。另外，高校对弘扬传统生态智慧的重视不足，也是影响高校有效开展传统生态智慧融入大学生思想政治教育的重要因素。主要反映在高校对传统生态智慧融入思政课程没有明确规定、传统生态智慧方面的知识与生态环保类的实践活动结合较少、未设置传统生态智慧的宣传平台等。90.00%的受访人员表示，目前学校内尚未形成学习传统生态文化的氛围，院系及职能部门未能很好地利用互联网这一平台对中国传统生态智慧进行宣传。

四、总结

实践证明，将传统生态智慧全面融入大学生思想政治教育，能不断提升学生的生态素养。从供需的角度看，我国生态文明建设的持续推进有需求，学生的全面发展有需要，而供给还需要进一步加强。首先，要注重发挥课堂教学的作用，将中国传统生态智慧纳入高校思想政治教育理论课，提高生态文化课程教学普及率。具体而言，将中国传统生态智慧纳入专业课和选修课，能夯实中国传统生态伦理理论基础，在学习中进一步传承和弘扬传统文化。其次，要注重利用实践活动强化传统生态智慧教育。让学生能够自觉将理论转化为实践，培养和锻炼学生的生态践行能力。再次，要注重构建传统生态智慧教育的网络宣传平台。以智慧教育为抓手，充分发挥网络在青年群体中的影响力和吸引

力，以发挥传统生态智慧的重要教育价值。最后，要注重构建传统生态智慧教育的考核保障体系。构建一个完善的保障体系才能够保障工作有序展开和具体落实，因此需要教育主管部门、高校、师生和社会、家庭的全力配合。

二、融入现代生态意识的丰富内涵

"生态意识的现代化往往会对生态文明建设起到无可替代的促进作用。"①建设生态文明，实现美丽中国目标，需要不断提升公民的生态文明意识，牢固树立责任意识和全民意识，推动生态文明建设深入人心、见于其行。公民是否具备良好的生态意识，是生态文明建设的强大精神动力和道德支撑，其不仅是衡量国家和民族文明程度的重要标志，也是社会文明程度的重要体现。针对目前生态环境面临的紧迫现状，我们必须在正确处理人与自然关系问题的基础上，继承和发扬传统文化中的生态智慧，汲取传统生态智慧的文化养分，从而不断增强生态道德意识和生态责任意识，从而确立起自主自觉的现代生态意识。现代生态意识和自觉的生态行为主要包括以下几方面：一是尊重自然、顺应自然、保护自然，坚持以自然为根的绿色发展伦理，推动形成人与自然和谐共生新格局；二是珍惜自然资源，做到合理开发利用，尤其是储量有限且不可更新的非再生资源，更要懂得珍惜和节制；三是刻不容缓维护生态平衡，珍惜善待生命，尤其是动物生命和濒危生命，对保护生命和救治生命做出积极的努力；四是有节制地谋求符合人类自身发展和需要的切实满足，不能以破坏和损害生态作为发展的代价，以自身发展维护世界和平，走出一条既发展自身、又造福世界的现代化之路；五是积极主动参与到保护自然的行动中，促进生态环境良性循环，从根本上促进人与自然的和谐发展。高校师生作为引领社会前进和发展的坚实力量，更加需要牢牢把握住生态文明建设的良好形势和重要机遇，当仁不让地跑在生态文明建设的前列，成为美丽中国建设的坚定拥护者、实践创新者、有力推进者和意识凝聚者。大学生态文化能否有效推进，取决于广大师生员工能否意识到对生态保护的责任和参与生态保护的程度。广大师生员工对生态保护的责任，一是指自觉限制各种破坏生态的行为；二是指自觉践行和开展各种有益于学校生态化发展的行为和活动，促进大学生态文化发展。学校对生态校园建设也是大学生态文化的展现，因为生态校园不仅仅是学校整体建设的集中体现，也是整个学校的风尚的鲜明反映。生态校园是对师生员工

① 于冰：《"人化自然"与现代生态意识的构建》，《北方论丛》，2011年第6期，第124页。

进行生态文明教育的重要载体，能够在为师生员工营造绿色校园的基础上，不断实现生态文化的渗透与表达，对促进整个大学文化的生态化发展有重要意义。因此，应充分利用和发挥生态校园在落实立德树人、培养学生生态文明素养方面的重要作用。通过校园文化的建设与生态保护的人文性紧密结合，以间接而内隐的形式得以渗透浸润，让师生员工于无形中实现良好审美人格的培育和发展。

现代生态意识的确立，有必要强化高校师生员工在生态环境领域的守法意识，着力提高师生员工的生态环境法治素养。一方面，广大师生员工应主动了解并遵守生态环境相关法律法规，认识到包括食用野生动物等一些破坏生态环境的行为不仅是不文明、不道德的表现，更是一种违法，甚至犯罪的行为。同时，也要利用法律武器维护自身的生态环境权利。另一方面，要带动和影响身边更多人遵守生态环境保护法律，监督举报他人违反生态环境保护法律的行为，从源头上减少危害生态环境的行为。生态文明建设不仅要根植在意识里，更要落实在行为中。据《公民生态环境行为调查报告（2021年）》显示，现阶段我国公民普遍呈现出具备环境责任意识，环境行为意愿较强的良好态势。然而，我国公民在践行绿色消费、分类投放垃圾、参加环保实践和参与监督举报等方面仍需加强，存在"高认知度、低践行度"的情况。可见，公民已经普遍认识到生态环境保护的重要性，也对生态环境质量提出了更高的期望和要求，但公民自身的行为习惯仍有较大提升空间。"新时代大学生践行生态价值观是实现美丽中国梦的客观要求，是落实立德树人根本任务的重要途径，是促进大学生全面发展的现实需要，是推动社会生态文明建设的必然要求。"[①] 因此，高校更应加强师生的生态价值观教育，大学生群体更应积极提升自身的行为习惯，摒除陋习。一方面要在日常生活中践行绿色低碳、文明健康的生活方式，如出门时采用骑行自行车、乘坐公共交通工具等绿色出行方式，养成购物时自带购物袋代替塑料袋的习惯，购物时选择对环境伤害较小的产品；另一方面要积极参与生态环境治理活动，如通过官方网站为环境部门建言献策，或通过环保举报热线、"随手拍"等方式监督举报破坏生态环境的行为。社会公众的行为习惯和消费方式的改变将进一步倒逼生产方式绿色化，从而将生态文明理念贯彻在产品生产、消费、使用和处置的全过程，构建人与自然和谐共生的绿色发展和生活方式。

---

① 时昌桂：《新时代大学生践行生态价值观的路径》，《教育理论与实践》，2021年第3期，第27页。

三、融入生态价值观培育的文化资源

以生态价值观为准则的生态文化体系，其涵盖的内容较广且形式多样，其中，丰富、充实生态价值观培育的文化资源，是大学精神文化融入生态观的重要基础性工作。在大数据时代，掌握并利用好互联网，在生态价值观教育资源和资料收集整理方面具有极大的优势。为了使教育资源鲜活、丰满起来，应将新媒体、互联网技术与传统学科紧密融合起来，顺应时代潮流，不断提高生态价值观教育引导的吸引力和有效性。推动高校建立较为完整的生态价值观教育资源数据库，使种类丰富的教育资料实现有机规整，才能更加方便师生员工选用，从而利用各项资料开展研究，推动生态价值观的有效传播和深入研究。第一，高校要充分重视与绿色发展、生态文化相关的图书、文献、资料、设备的购置与管理，保证其质量和使用的持续性。另外，高校要注重充实和丰富生态文明建设的地方性读物，使师生员工对学校所在地的生态环境有细致且深入的认识。第二，推进数字化建设。通过高校图书馆中的资源数据库，归纳整理数年来国内外生态文明研究领域的优秀研究成果，以满足师生员工对相关文献的查阅需要，并适时对相关资料进行丰富和扩充。此外，高校还应整合生态文明建设的相关资料与文献、地方政府的相关政策措施，以及生态、环保相关内容的统计年鉴等。高校与各级政府部门应建立联系，整合生态保护相关的案例，也能为地方实现绿色发展提供借鉴与参考。

（一）促进大学生生态价值观教育资源的聚合与丰富

生态文明知识的习得、生态文明技能的练就、生态文明价值观的确立等，均是循序渐进、日积月累的过程。[①] 教育资源实现系统化和完善化，是实行教育教学的关键所在。我国幅员辽阔，地形结构复杂多样，自然资源丰裕富足。从古代开始，我们就在环境保护与生态建设上做了许多探索，积累了许多理论与实践知识。但是，正是因为目前生态文明教育的资源种类丰富，呈现的形式多种多样，再加上人们的认知能力以及对隐性资源挖掘水平的限制，导致了大量的教育资源形式散乱，不成体系。在教育过程中，教育资源并没有被有效地利用，使得它的价值在一定程度上被削弱。因此，进一步挖掘和整理生态价值

---

① 王晓燕：《新时代生态文明教育的逻辑与进路》，《思想理论教育导刊》，2020 年第 9 期，第 125 页。

观教育资源，强化全体社会成员对生态的保护意识，提升教育者挖掘教育资源的自觉意识和运用能力，不断充实教育教学的内容，并对其展开系统的整理和分类，才能最终构成生态教育资源系统的整合。

（二）提高大学生生态价值观教育资源的利用效率

针对当前生态价值观教育现状，在普遍的教育过程中，教育者在教学时所选择的参考资料主要由教材、政策资料或其他相关文本资料构成，并且只是遴选部分内容进行讲授。以著者所在学校为例，由于各专业的教学目标和重心有所不同，除环境专业外，其他专业并未开设与生态价值观相关的必修课，因此，生态价值观教育在很大程度上只在公共课中体现了部分理论知识。这种教学带有一定的片面性，且比较浅显不够深入，使学生接收到的与生态价值观相关知识流于表面，难以引起学生的学习兴趣。由于个体的接收度不同，导致其生态意识参差不齐，付诸实践的参与度和主动性也难以得到提升。因此，要竭力挖掘生态价值观教育资源内容，整理形成系统的资源内容体系。同时，也要着力提高教师的理论教学能力，增强自身生态文明意识。促使各专业学科的教师在教学过程中主动将自己掌握的生态文明建设内容融入课程，以正确的生态价值导向对学生实施生态价值观教育。充分发挥生态价值观教育资源的价值，使学生在课程学习中同步感受生态文明教育，使学生的生态素养得到全面提升。

（三）提升大学生生态文明素养，促进大学生全面发展

普及生态价值观理论，提升大学生对绿色生活方式的科学认知，推动大学生生态文明素养的形成，能够有效促进其全面发展。以课堂教学为主的传统教学方式已经不适用于现今的教育模式，教师需要不断更新教育观念，丰富教学内容，使用有效的现代教育教学方法。当前，大学教育也更加注重以学生为中心、产出导向和持续改进的教学方式，以促进学生全面发展。因此，在教育资源的运用方面，教师要做到合理有效利用，并通过对课程内容的准确把握，引导学生形成正确的价值观，使学生的综合素质得到进一步提升。大学生正处在人生的"拔节孕穗期"，是发展人生观、价值观、世界观的重要阶段。高校的根本任务是立德树人，因此，开展系统全面的生态文明教育，对其生态素养的养成与提升有重要意义。大学生形成正确的生态价值观，能够使其踏入社会之前厘清个人价值和社会价值的关系，确定自己的定位与职责，从而促使其采取正确合理的方式对自己加以约束，实现人与自然的和谐相处，进而促进大学

生自身的全面发展。大力推进生态文明建设，探索符合人与自然和谐共生的可持续发展道路，是人类社会实现可持续发展的最优解。而加强生态文明建设，实现美丽中国愿景，实现中华民族的永续发展，需要全社会共同发力。高校更要加强大学精神文化的生态观融合，助力绿色共建，充分发挥青年学生的榜样示范作用，不断发挥青年群体社会影响力，助推国家的生态发展。

第二节 大学制度文化的生态化嵌入

随着高等教育与社会主义现代化的高速发展和稳步推进，大学制度文化作为大学的精神文化及物质文化的重要保障和依托，只有将绿色发展理念融入制度文化中，使师生员工将尊重自然、顺应自然、保护自然作为自己的价值追求与行为准则，才能更好地为建设生态文明社会服务。因此，大学制度文化的生态化嵌入是生态文明视阈下大学文化发展的制度基础，对大学生态文化发展具有制度保障作用。生态文明建设所追求的不仅仅是天蓝、水清，更重要的是培育和树立绿色发展理念，处理好人与自然的关系，处理好当代发展与后续发展的关系，在科学治理污染、保护环境、节约资源的同时，形成世代传承的以"和谐、绿色、科学"为核心的人类可持续发展思想。因此，大学制度文化的生态化嵌入应以大学教育为依托，并在学校内部治理结构的基础上展开，旨在将绿色发展理念融入大学教育管理制度，使大学能够以绿色管理理念为指导开展教管工作。

一、和谐校园建设

大学制度是广大师生员工须共同遵守的准则，是保障大学基本运作和规范组织行为的特定约束。因此，要推进大学生态文化发展，就要有意识地在制度文化中渗入绿色发展理念，建设生态校园，以满足广大师生员工对良好生态环境的需求，实现以人为本的和谐校园建设。在将绿色发展理念融入大学制度时，要充分考虑师生对优质生态产品的实际需求，基于此研究科学有效的对策，以促进绿色大学构建。

大学生态文化建设旨在生态理念的引领下，建设一个全面、协调的校园环境，以满足广大师生员工对美好生态环境的追求，其在很大程度上与"以人为本"的理念是一致的，深刻体现了人与自然和谐共处的基本价值观。因此，大学制度文化的生态化嵌入必须要贯穿"以人为本"的价值追求，这意味着大学制度文化的顶层设计与具体实施，要将广大师生员工的需求和愿景作为基本要求，要一以贯之地体现人与自然、人与人、人与社会和谐的人文主义终极关怀原则。和谐最为关键的因素是人，把人的发展作为校园建设和发展的出发点是建设和谐校园的基本要求。因此高校要树立以人为本的和谐发展理念，实现从优美生态校园建设到绿色发展理念统领下的整体和谐。

二、环境教育实施保障

《国家教育事业发展"十三五"规划》中明确提出，强化生态文明教育，将生态文明理念融入教育全过程。《中共中央关于制定国民经济和社会发展第十四个五年规划和二〇三五年远景目标的建议》中，进一步明确了生态环境保护目标、任务与实现路径。要实现大学制度文化的生态化嵌入，就必须从完善教育相关机制保障出发，坚守大学生态文化发展初心，全力保障大学生态环境教育平稳高效开展。

（一）发挥高校顶层设计功能

高校加快教学改革、深化生态文明建设与高校学生管理已成为推动社会生态文明建设的必然选择和重要趋势。[①] 建设人与自然和谐共生的现代化是中国式现代化的重要特征之一。高校是落实生态文明教育的重要阵地，人与自然和谐共生的现代化建设重任必将传递到年轻一代大学生手中，这也必将成为高校服务经济社会发展的重要领域。掌握科学的生态知识、了解生态状况、深入思考生态建设的重要性、提高解决生态问题的能力，这既是大学生全面发展健康成长的权利，也是其不可推脱的责任和义务，更是高校改革发展需要深入思考的问题。

高校各行政职能部门要深入了解生态教育制度和学校颁布的各项规定，制定符合学校特色和发展需要的教育方案，做好教育制度实施的具体工作。例如，教务处应以生态文明教育为基础，加强专业和课程师资的组建，修订课程设置，还可以依托学校现有专业建立生态文化研究基地，发挥制度和组织保障功能，将生态文明教育纳入专业知识教学。

---

① 魏晓亮：《加强生态文明建设与高校学生管理的共融性分析》，《环境工程》，2022 年第 12 期，第 307 页。

（二）发挥高校教师生态素养的引领示范作用

实现大学制度文化的生态化嵌入必须从高校教师的日常行为和教育教学入手，构建完善的生态素养培育制度体系。第一，提高高校教师的生态教育意识。教师是生态教育的实施者和引导者，要对生态教育有清醒的认识。一是生态环境问题的现状要求高校通过生态教育的方式和途径让学生认识到危机的存在，从现实生态环境问题出发引发学生对人与自然关系的深入思考。二是源于生态实践的要求。大学生在接受生态教育的过程中可以学习生态哲学、生态伦理学等知识，这是正确处理人与自然关系的理论前提和理论依据，能帮助大学生自觉践行生态行为。三是当前的高校生态教育效果需要进一步提升，高校生态教育应该渗透到每一个专业、每一个学生的学习中。第二，将生态素养的培养和提升纳入高校师德建设评价体系，将保护生态行为规范纳入师德建设的行为规范。青年大学生的思想和行为影响着生态文明建设的发展进程，而他们的生态意识、生态行为直接来源于教师的传授和行为示范。将保护生态环境的优秀品德纳入师德建设的评价体系，引导高校教师养成保护生态环境的意识，其中最为关键的是把生态环境保护意识内化于心、外化于行。第三，全面提升高校教师的生态理论水平。现阶段，大学生生态教育要求高校教师具备更为丰富的生态理论知识以及相关的学科知识。从教师自身来看，要不断加强学习，既要充分认识高校生态教育的重要性，又要学习培养自己的生态知识和技能；既要严格要求学生，又要不断加强自己的道德修养，以人格魅力影响学生，做到言传身教。从学校角度来看，要加强对高校教师生态素养的专项培训。面向高校教师的生态素养培训要将理论性和实践性相结合，使之做到知行合一，以实际行动诠释和传递生态文明理念。

（三）发挥高校学生社团组织的影响力和辐射带动作用

高校学生组织作为大学校园里能够相对独立开展活动的团体，在学生的学业发展、身心健康、社会融入、权益维护等方面发挥着重要的作用。高校社团作为学生组织的重要组成部分，是开展大学生教育的重要载体。在大学生态文化宣传教育工作中，社团组织是不可缺少的一环。充分运用社团组织的广泛辐射性，可以将思想政治教育渗透到社团的各项文化活动和社会实践中，让学生在不知不觉中接受生态文化教育。因此，推动高校环保社团参与环境教育，是新形势下高校凝聚学生和进一步开展思想政治教育的重要方式，同时也是促进大学生态文化发展的重要手段。特别是通过建立完善高校环保社团参与环境教育的制度，实现了传统课堂教育与实践教育的紧密结合，对大学生态文化建设具有十分重要的促进作用。早在1998年，清华大学在已有的环境教育与研究的基础上，就提出了"绿色大学"建设构想，从教育、科技、校园三方面出发，大力开展"绿色大学"建设，不断将可持续发展理念融入大学人才培养、学科建设、科学研究和校园建设的各个环节，取得了良好效果，描绘出一幅由"绿色教育"、"绿色科技"和"绿色校园"组成的绿色清华"三联画"。北京大学的"PRED学社"旨在促进公益、环境保护以及地理文化。该学社通过学习与实践不断提高社员的专业水平，在大学的绿色发展进程中发挥了关键作用，而这又有助于为学校整体生态意识提供更强大的知识支撑。总体而言，大学应该明确环保社团在环境教育中的作用，并不断使其制度化，这对推动绿色大学建设和促进大学生态文化发展都有非常重要的意义。从以上的代表性社团的发展实践中可以看出，在大学进行生态宣传教育的过程中，环保社团对大学生的影响更大，也更具亲和力，其开展形式也更为丰富，发挥着课堂教育无法取代的作用。第一，环保社团发挥着重要的载体作用。社团可以充分利用世界环境日并结合当今涌现的环境保护热点问题，开展全校性的环境教育活动，可通过文字、图像、视频等方式进行宣讲，增强师生员工关于环境保护的知识和技能。第二，环保社团发挥着重要的引领作用。由于环保社团所具有的群众性特征，在大学生中拥有很好的群众基础，因此，在思想上和行动上，环保社团能够引导身边的同学，使他们积极地参与生态文化的学习和实践活动。第三，环保社团发挥着重要的凝聚作用。环保社团能够将大学中有环保意愿的师生组织和团结起来，凝聚成为一个强有力的整体，从而促进大学的生态文化发展。第四，环保社团发挥着重要的渗透作用。环保社团可以通过各种媒介渗透到师生的学习、生活和工作各个方面，让他们在潜移默化的过程中接受生态文化的洗礼，不断实现其环境素养的提升。如【案例二】"加强高校环保社团规范化建设，促进大学生环境教育深入开展"显示，各高校的环保社团作为环保宣传的重要实践者，在向校内师生宣传环保理念并进行相关实践方面发挥了重要作用。同时，随着高校环保社团长期以来的不断探索与创新，部分高校的环保社团形成了合理的组织构架，并结合地区及高校专业的优势，形成了特色且长期运营的环保项目，赢得了社会的广泛关注与认可。因此，充分利用高校学生组织的影响力和辐射性大力进行生态知识宣传教育，可从以下三方面入手。第一，加强活动指导、培育核心骨干、增强生态知识宣传教育的可持续性。学生组织的发展离不开专业性指导，高校应注重学生组织的管理制度建设，增强其发展的科学性、整体性和创新性。如由环保相关专业教师对环保社团成员进行培训等，使社团成员深入了解生态环境保护相关知识。同时，重点建设一支出色的学生队伍。学生队伍的综合素质将对其组织开展各类活动产生极大影响，而学生队伍的干部和成员流动性强、交替快，因此，做好队伍梯队建设，做好"传、帮、带"工作尤为重要。第二，加强校地合作，扩大生态知识宣传教育的影响力。例如，高校环保社团应积极与国内和国际非营利性环保组织建立联系和合作，交流分享环保宣传教育的经验和做法。同时，在高校、社会媒体和地方政府之间架起桥梁，使各方能够实现相互促进与协同发展。这不仅能拓宽学生的视野，还能使环保社团找到更多合作与资金支持的机会，实现可持续发展。第三，强化项目运作，寻求优势特色，提高生态知识宣传教育的实践性。为了激发学生成员的创造力和积极性，有必要从组织结构入手，增加项目活动。围绕生态文明教育和实践的不同主题，鼓励学生组成项目组，深入开发具体项目，积极参与生态实践活动。

【案例二】

加强高校环保社团规范化建设，
促进大学生环境教育深入开展[①]

一、案例背景

发挥高校环保社团的重要功能，是实现大学生态化发展的重要环节。高校环保社团是大学生以自己在环境保护方面的兴趣、爱好、理想、特长等需求为依据，在高校相关部门的组织和管理下，自愿成立的一种非正式的高校学生组织，它对推动大学生的环境教育起到了非常关键的作用。通过加强高校环保社团的规范化建设推动大学生的环境教育，这样既有理论意义也有现实意义。

二、高校环保社团在大学生环境教育中的作用及现状

（一）调查的方法和对象

调查方法：本次调查采用了问卷调查法和个别访谈法，采取无记名方式对西南科技大学、成都理工大学、绵阳师范学院、绵阳职业技术学院、四川轻化工大学等高校进行调查。本次"高校环保社团对大学生环境教育的作用调查问卷"发放了340份，详细问卷见附录2。

"高校环保社团对大学生环境教育的作用调查问卷"针对的是高校环保社

---

① 本案例由西南科技大学马克思主义学院研究生任连军整理提供。

团内成员，该问卷分为五个部分，共 25 个问题。第一部分为基本情况，共 5 个问题，包括调查对象的基本信息（如就读的学校、专业和年级、性别、所在社团名称及在社团中的职位）；第二部分是调查对象参加高校环保社团的情况，共 5 个问题，包括该社团是否具有一定的影响力、社团的活动经费的来源、社团存在的主要问题、社团人员结构是否稳定等；第三部分是关于高校环保社团在大学生环境教育方面所具有的意识，共 5 个问题，包括调查对象所参加的学生环保社团各项工作的开展情况、学校团委组织是否有计划地通过环保社团开展大学环境教育等。其中，调查人在调查问卷的基础上，对被调查的部分高校的校团委、院团委、环保社团的会长和社团的一般成员等进行了深入细致的交流，并形成了客观、详细的访谈记录，以便于进一步分析。

（二）调查的结果

1. 调查对象基本情况

调查对象基本情况见表 4-2。

表 4-2 调查对象基本情况

样本特征	类别	频数	百分比（%）
性别	男	209	69.6%
	女	91	30.4%
年级	大一	101	33.6%
	大二	145	48.3%
	大三	34	11.3%
	大四	20	6.8%
专业	理科	54	18.0%
	工科	157	52.3%
	经管类	66	22.0%
	文科	23	7.7%
社团任职情况	管理人员	33	11.0%
	一般成员	267	89.0%

2. 数据分析

如表 4-2 所示，调查对象中，男生的人数占比为 69.6%，女生的占比为 30.4%；年级方面，大一和大二的人数占比最高，分别为 33.6% 和 48.3%，大三和大四的学生占比较少，分别为 11.3% 和 6.8%；专业方面，工科的占比稍高，为 52.3%，其次是经管类，比例是 22.0%，再次是理科的占比为 18.0%，文科的占比相对较低，只有 7.7%；在高校环保社团任职方面，在社团中担任管理职务的有 33 人，占比为 11.0%，一般的社团成员为 267 人，占比为 89.0%。可以看出，在本次调查中不同年级、社会特征者、自然属性的样本比例比较适当。

3. 问卷整体情况分析

在调查的问卷中，关于"本校环保社团在学校里是否具有一定的影响力?"这一问题，有 73.4% 的大学生认为本校环保社团在学校内没有影响力，25.0% 的大学生认为本校环保社团有一定的影响力，只有 1.6% 的大学生认为本校环保社团有较强的影响力，如图 4-1 所示。由数据看来，目前高校环保社团的影响力还有待提高。关于"您是否同意高校环保社团是大学生环境教育的重要组成部分"这一问题，有 40.0% 的大学生没有意识到该作用，占比最高；非常同意的大学生占 19.0%，不同意的大学生占 18.0%，如图 4-2 所示。从数据可以看出，高校环保社团在环境教育方面的作用有待提高。关于"您认为环保社团对大学生环境教育最有效的途径是什么?"这一问题，有 60.0% 的大学生认为高校环保社团对大学生环境教育的有效途径为通过环保活动带动；而认为可以通过校内宣传活动的大学生占 26.0%；认为可以通过环保知识进课堂的大学生占 14.0%，如图 4-3 所示。由此看来，环保社团具有较强的实践性。关于"本校环保社团开展的活动，是否取得了较好的成效?"这一问题，有 58.6% 的大学生认为该校环保社团的活动成效一般，有 23.0% 的大学生认为高校环保社团的活动没有成效；只有 18.3% 的大学生认为本校环保社团开展的活动有较好的成效。大学生具有环境意识，但部分大学生却不清楚应该怎么参与环境保护活动，而高校环保社团的活动具有较强的实践性，是带动大学生进行环境教育的平台。高校环保社团与政府环保部门合作则是促进生态文明建设的良好途径，能在进行环保活动的同时增强活动影响力。

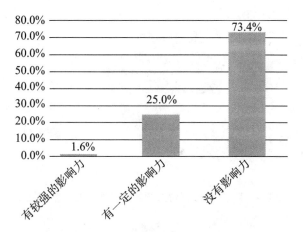

图 4-1　本校环保社团在学校里的影响力

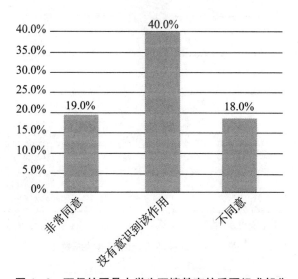

图 4-2　环保社团是大学生环境教育的重要组成部分

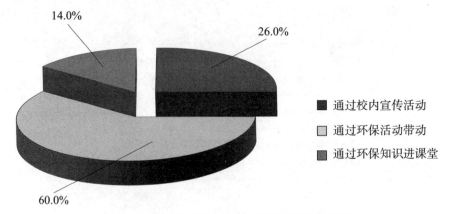

图4—3　环保社团对大学生环境教育的有效途径

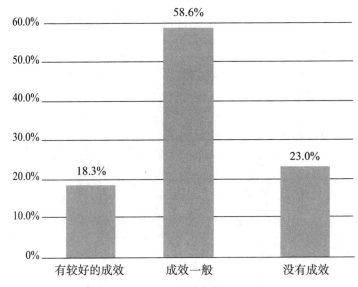

图4—4　本校环保社团取得的成效

三、案例总结

　　构建生态大学，充分发挥人才培养、科学研究和社会服务等功能，实现和谐可持续发展的大学。面对时代的呼唤，大学环保社团更应为建设生态大学发力，致力于传播生态理念和参与生态实践活动。通过树立环境美学教育理念，增强大学生环境价值观；明确环境美学教育目标，提升大学生的环境审美素养；设置环境美学教育课程，培养大学生环境美德。从以上三个方面完善高校环境美学教育，丰富大学生综合素质的内涵。通过丰富环境美学教育实践内容，增强大学生审美体验和创新环境美学教育实践形式，提升大学生综合素质。推进高校学生社团形成完善的管理模式，发挥高校环保社团在大学生态文化建设中的重要作用。

三、生态校园建设长效机制建构

实现大学制度文化的生态化嵌入，必须以长效机制为保障，营造良好的校园环境，展现出师生的良好精神风貌及共同的价值取向。而所谓的长效机制，应该是一套运作良好、关系和谐、程序严谨的机制，以此来保证大学生态文化的持续发展。因此，大学的生态校园建设不应局限于生态文化理念的发展和明确，还应该体现在机制建构上。

第一，严格落实校园节能监管制度。确立能效管理负责人制度，将校园节能工作的成效与任期内考核挂钩，落实节能工作。负责能源管理的人员对高能耗的建筑或设施，应提供相应使用建议或采取适当措施。造成资源极大浪费者，必须交由学校纪检部门进行处罚，以强化节能监管制度的严肃性。对于节能先进学院、部门和个人应予以表彰，节能成效突出者，还可以予以适当奖励。奖惩制度的执行也同样适用于学生。

第二，严格落实学校财务管理制度。要达到校园生态化的目标，实现生态化校园建设，必须严格落实财务管理制度。学校在制定财务管理目标时要切合实际，不同节能计划的实施效果需要及时检验和量化，为决策机构提供依据。财务部门对资金使用情况要进行监督与控制，实现节能降耗。

第三，促进宣传与考评制度的完善。做好学校生态化建设的短期规划和长期规划，通过设立高校环保宣传日等举措，保证各类校园文化生态活动持续性开展，提升师生对生态校园建设的认可度和参与度，增强生态知识教育的渗透性。

第三节　大学物质文化的生态化实践

大学校园文化为高校的发展提供了一种精神滋养，它所努力构建的和谐的文化氛围则是高校校园建设的核心。大学师生员工共同营造形成的校风、学风、精神面貌以及团结和谐的人际关系，对学校的影响是巨大且潜移默化的。我国自古以来就注重营造生态文化校园环境，我国古代士人的文化教育机构（书院）就非常注重外部环境的营造，因此，古代书院大多建在依山傍水、风景优美之处，力求书院环境幽雅，目的是"借山光以悦人性，假湖水以静心情"。这反映了中华传统文化"天人合一"的观念，也着重体现了"以生命为中心"的独特教育理念，对现今的生态大学发展，以及其他活动场馆的规划和建设，都有很大的参考价值。"生态校园能润物细无声地陶冶师生情操，有效地促进学生身心健康，能很好地传播生态文化。"① 如【案例三】"西南科技大学校园景观设计：与自然和谐对话"，充分展现了西南科技大学校园景观既满足了校园用地功能性需求，也充分考虑到大学生态化的原则，彰显独特的校园文化。通过校园景观文化的塑造，全校师生员工获得特有的归属感和认同感，坚持"厚德、博学、笃行、创新"的校训，提高学校的凝聚力和竞争力。

因此，大学物质文化的生态化实践可以从学校景观的生态化设计、学校绿化的花园式建设、学校运行的节约化要求三方面发力。

一、学校景观的生态化设计

（一）多样性原则

学校进行景观生态设计的目的主要是美化校园环境。在选择植被时，树形、色彩与比例等应有一定的差异与变化，表现出适度的多样化。在此基础上，应保证植被在结构与功能上的渐进性，增强其抵御人为干扰、自然灾害的能力。

（二）层次感原则

在校园景观的设计中，要加强植物群在景观生态设计中的层次感和立体感，不断丰富地域性植物群的品种，让它所构建的植物群落结构呈现出鲜明的多层次特点，从而将学校的景观特色表现出来，这是景观生态设计中的关键。

（三）经济适用原则

学校进行景观生态化设计时应遵循经济适用的原则，优先选择乡土植物，既可降低成本，又能减少后期的养护管理费用，实现校园的生态效应。

---

① 王强：《关于高校生态文化教育的探讨》，《江苏高教》，2007 年第 2 期，第 126 页。

【案例三】

西南科技大学校园景观设计：与自然和谐对话①

一、案例背景

西南科技大学位于四川省绵阳市，截至 2022 年，已经有 70 周年的建校历史。在长期的办学过程中，学校始终坚持"育人为本、育德为先、科学理性、开放包容、彰显卓越"的办学理念，以"厚德、博学、笃行、创新"为校训，培育了一批又一批的优秀人才。学校的学习、生活和运动等功能区之间用绿植连接，形成了连贯的校园环境。

二、校园景观设计

（一）层次丰富，经济绿色

人造湖泊九洲湖位于西南科技大学校园的中心地带，湖水清澈、垂柳依依、青石长椅，九洲湖东面的石铺人行道连接科技之光广场，西面沿教学楼以青石板铺就了弧形的滨湖道路，沿岸设置了一条石板小道。九洲湖的岸边设置有亲水石凳和景观照明设施，与周围的办公区域和教学楼群共同组成了一个优美的学习空间和游憩场所。湖边的行政楼、教学楼群和逸夫图书馆形成了半围合，与科技广场一道形成一个太极图案，将中国传统文化元素融入景观设计。九洲湖湖水引自农灌渠龙西堰，校内大小水体景观之间相互贯通，形成一个良性循环的活水系统。除了主体水景之外，还有丰富的植物与之搭配，形成了一个生态的景观环境。

（二）景观多样

西南科技大学（西区）原为清华大学绵阳分校，现今的校园景观大量保留了原有的建筑和地形。清华楼周围古树环绕，墙体布满了青藤，周围栽植着具有绵阳本地特色的树木花卉，彰显了厚重的校园文化底蕴，营造了独特的校园文化。

三、总结

大学在进行校园景观设计时，除了要满足功能性的需要外，还要遵循生态化的原则，注重凸显校园文化，从而创造一个良好的学习环境。通过营造校园景观文化，让全体师生产生一种归属感和认同感。学校生态化景观设计与思想政治教育具有独立性又具有内在的统一性。近些年，思想政治教育功能不断落实，体现在价值导向作用稳步提升、行为约束功能效果显著、情感熏陶功能逐

---

① 本案例由西南科技大学龚雨晴整理提供。

渐加强、凝聚激励功能形式日益丰富、示范辐射功能进一步拓展等方面。此外，还要坚持理论性和价值性相统一、统一性和多样性相统一、主导性和主体性相统一、适应性和继承性相统一的原则。为此，大学需要重视景观文化建设的顶层设计、丰富景观文化的育人载体、拓展景观文化的育人方法、优化景观文化育人的内外部环境。

二、学校绿化的花园式建设

校园文化的物质表现形式主要由校园环境及各项设施构成。校园环境和设施可以反映出该校长期以来形成的独特的文化理念，学校的所有物质形式，无论是人工雕塑和花圃、亭子，还是自然山丘、河湖和树木，皆会带有明显的文化印记，在教育活动中发挥着核心作用。

物质环境的设计包括校园环境的整体规划、清洁、美化和绿化。优美的校园环境就像一本立体的、多彩的、有吸引力的教科书，能陶冶学生的情操、点缀学生的心灵、启迪学生的智慧。校园的景观在设计上强调生态化，生态廊道、种植景观、水景、山景等不同空间相互作用，形成景观的立体布局。合理规划校园建筑、道路、绿地、广场及其他相关设施和场地，要充分利用原有的地形、地貌和自然条件，力求环境与人、人与建筑、建筑与环境的和谐之美。此外，要进一步开发校园原有的生态系统，如校园林地、池塘、山坡等原始景观。利用它们的自然和生态之美，与人造景观形成紧密的联系。

根据中国传统的"天人合一"的思想，校园主体和校园环境必须是和谐统一的。在设计校园环境时，要摒弃传统的静态模式，赋予其崭新的、灵动的活力。校园的整体布局和设计应充分体现大学的发展性、时代性与文化性。同时，可在教学楼内开设专题展览，为学生提供展示才华、个性与创新的平台。

三、学校运行的节约化要求

积极改革和创新高校后勤管理工作，不仅体现了高校承担和履行社会的责任与义务，更是促进学校绿色可持续发展的前提。因此，应从多方面实现学校运行的节约化要求，助力生态校园建设。

（一）采取"绿色"采购

认真布局、精心构建的绿色采购机制是实施绿色采购政策的重要保障，是高校最具有代表性的社会责任的体现。① 高校采购部门应优先采购经认证的节能、节水、节材产品和有环保标志的再生产品，并按照有关部门规定的比例，按需、按量采购。高校绿色采购强调的是稀缺资源的可持续利用和满足采购需求，不仅关注价格成本，而且主要关注环境成本，必须把对环境的影响放在首位。因此，在建立绿色采购机制时，应遵循以下三个原则。

1.　"5R" 原则

"5R" 为 5 个英文单词的首字母，即环保供应（reevaluate）、节约能源（reduce）、长效使用（reuse）、循环再生（recycle）、引领科技（rescue）。这 5 个方面是构建高校绿色采购机制的实践原则和基本准则。②

2.　全生命周期原则

供应商应该对设备和设施的整个生命周期负责，特别是对报废设备的回收和最终处理负责，使各项设备设施实现可利用的最大化。

3.　自上而下原则

高校物资设备采购部门制定并实施绿色采购政策，应在全校自上而下地推行，使广大师生员工对此产生心理和行为认同。

（二）减少资源消耗

首先，应尽量减少校园景观的过度照明，对照明使用率较高的校园公共场所（如体育馆、图书馆、教室等）进行系统的节能改造。倡导教职员工在长时间不使用电脑时，关闭电脑主机和显示器；在短暂的休息时间，最好将电脑置于 "睡眠" 模式，这样可以减少 50％以上的电力消耗；当听音乐或看视频时，最好使用耳机，以减少扬声器的电力消耗。

其次，加强对学校食堂的监管。注重优化餐饮服务，建立科学、环保的餐饮管理体系，注重饭菜的营养均衡和质量，严格落实食品卫生安全。食堂可根据学生的饮食消费习惯，推行大小份、半份、拼盘、自助餐等用餐模式，方便师生按需购买食品。鼓励学生适量取餐以免造成浪费，养成健康的饮食习惯。

---

①　王晓燕、万国良、李青：《构建高校绿色采购机制探讨》，《实验技术与管理》，2013 年第 3 期，第 217 页。

②　王晓燕、万国良、李青：《构建高校绿色采购机制探讨》，《实验技术与管理》，2013 年第 3 期，第 215 页。

第五章　影响：大学生态文化发展瓶颈

随着我国高等教育改革的不断深入，大学愈加注重培养学生的综合素质。加强大学生态文化建设，是我国大学教书育人、立德树人的一个重要方面。现阶段，部分大学受到多元文化价值观的影响，在一定程度上忽视了生态文明与生态文化建设。大学生态文化发展具体实践中面临着一些的问题，发展并不充分，主要表现在文化滞后与文化变迁两大方面。

第一节　文化滞后影响

文化滞后也称文化落后，社会学家研究文化变迁和社会解组时常使用这一概念。文化滞后理论认为，当一种具有相互依存部分的文化发生变化时，各部分会出现变化速度不一致的情况。一般来说，物质文化的变化会比非物质文化的变化更快，两者常会表现得不同步。就非物质文化而言，其组成部分的变化速度也是不一致的，制度通常首先或更快地变化，其次再是实践和风俗，最后才是价值观。大学生态文化建设发展在文化滞后的影响中呈现出大学生态文化建设指导思想不明确、大学生态文化建设内容不完善，以及大学生态文化建设进度不一致三方面。

一、大学生态文化建设指导思想不明确

"高等院校是一个国家最高水平的教育机构和主要科研机构，承担着人才培养、科学研究和社会服务的基本责任。"[①] 环境保护和经济社会可持续发展是我国在 21 世纪面临的最大挑战，以科学发展观引领社会走上全面、协调、

---

① 王燕、吴蒙、李想：《我国高校人才培养、科学研究与社会服务效率研究——基于超效率的三阶段 DEA 模型》，《教育发展研究》，2016 年第 1 期，第 39 页。

绿色发展道路是必然选择。大学生态文化建设是顺应发展的必然趋势，用生态理念建设大学文化，使大学得以可持续发展，这也有助于推动学校和社会的和谐发展。因此，通过创建"绿色教育"体系，建设和发展大学生态文化，提高师生员工的生态意识，形成贯穿学校工作全过程的可持续发展理念，这不仅仅是时代赋予高校的责任和使命，也是构建大学生态文化的根本指导思想。

然而，部分高校的生态化建设思想不够明确，在开展生态教育教学时也显得零碎和模糊，更不用说系统性的具体行动了。如马克思主义理论研究和建设工程重点教材《思想道德与法治》（2021年版），在第五章"遵守道德规范 锤炼道德品格"的第三节"投身崇德向善的道德实践"中明确提出要遵守社会公德、恪守职业道德、弘扬家庭美德、锤炼个人品德，认为社会公德、职业道德、家庭美德、个人品德是社会主义道德教育的主要内容，也是人们行为的基本规范。然而，这一部分内容对环境道德建设重要性体现不够，未将其与社会公德、职业道德和家庭美德同等重视，但在大学生中培养和弘扬环境道德是建设大学生态文化的根本和必要途径。在全国大学生道德观教育中也没有明确提出加强环境道德教育的具体要求。大学作为生态文明教育的主阵地，在提升大学生生态文明素养方面起着至关重要的作用，虽然有些高校已经开设了有关生态文明的相关课程，但并没有把生态文明教育放在重点考察的范围内，不够系统、全面和规范。目前，我国教育部门暂未建立起科学系统完善的大学生态文化建设评价体系，部分大学的大学生态文化建设进展缓慢，效果不明显。

二、大学生态文化建设内容不完善

（一）高校未普及大学生态文化建设

目前，我国高校还没有构建完善的生态文明教育课程体系，尚未形成一本专门且通用的大学生生态文明教育教材，生态文明教育内容不够系统和全面，大部分学生是通过思想政治理论相关课程了解生态文明知识。教学方法的选择对完成教育任务、实现教学目的、联结学生和老师的关系起着重要的作用。受中国传统教学方式的影响，部分高校教师在教学过程中往往照本宣科，注重理论式灌输，忽视了学生的主体性，造成思想政治教育主体缺失。虽然在教学中也运用了多媒体教学，但仅限于教学内容展示，并没有发挥多媒体教学的真正优势，在开展生态文明教育主题活动、组织学生参加生态文明实践活动方面积极性不高。大学环境教育是大学生态文化建设的主渠道，也是主阵地。近年来，虽然我国大学的环境教育有了一定的发展，但是与我国社会经济发展的希望值还存在较大差距。在美国，1970 年就制定了《环境教育法》，随后在 1990 年出台了《国家环境教育法》，对高等院校开展环境教育做出了明确的规定，大大促进了美国大学环境教育的开展和普及。环境教育在英国高等教育机构中也得到了较好的发展，如"人类生态学""资源管理"等许多关于环境教育的专题均在文、理科的必修课和选修课中有所体现。日本大学的环境教育则是从 20 世纪 70 年代初便得到积极的发展，到 20 世纪 90 年代，日本的高等环境教育已开始注重与素质教育相结合。

"1989 年《中华人民共和国环境保护法》第 5 条第一次以条款形式规定了环境教育。"① 此后，我国于 1995 年创办了《环境教育》等学术期刊，中国高等教育学会生态文明教育研究分会也于 2019 年成立，至此生态教育拥有了自己的学术交流平台。但从当前来看，此类学术交流平台的数量还比较少，难以满足实际需求。目前，教育主管部门未将环境教育课程列为高校非环境类专业学生的必修课，使得非环境类专业学生的环境教育缺乏规范和约束力。有相当部分高校还没有把提高和培养大学生的生态文化素养列入培养目标，一些基础的环境教育课程也还没有列入大学生的必修课中，教材建设、课程设置、师资队伍建设等都还不能满足社会发展对大学环境教育的要求。

（二）环境教育缺乏人文与社会科学的内容

当今环境问题已不再是纯粹的技术问题，单纯依靠某一种理论和方法已无法解决环境危机，严峻的环境形势要求我们尽快加强环境社会科学与环境人文科学的研究和建设。在人们的传统观念中，一直认为环境科学属于自然科学与工程科学的范围。而在某种意义上，环境问题的解决更需要用社会科学的理论去指导人们的行为和生产实践。当前，高校在有关环境人文科学与社会科学的研究和内容建设上还相对缺乏，如环境经济学、环境法学、环境社会学、环境伦理学、环境与国际贸易、环境政治学等的研究还处于起步阶段。

（三）生态教育人才匮乏

培养大批优秀的环境保护专业技术及管理人才，能够对环保事业的发展提供重要的人才支撑。目前，只有部分高校开设了生态学、环境学等与生态文明

---

① 廖建求：《我国环境教育立法基本问题研究——基于海峡两岸环境教育的立法实践》，《中国地质大学学报》（社会科学版），2020 年第 1 期，第 148 页。

相关的专业，且高校部分教师没有经过系统培训，只能通过课本和网络获取相关知识，导致对生态文明知识的了解仅仅停留在表面，缺乏深度和专业性。由于高校缺乏系统、全面和完整的生态文明专业人才培养体系，学生难以真正理解生态文明的内涵，致使教学效果差，大学生的生态文明素养提升缓慢。

三、大学生态文化建设进度不一致

任何事物都是内容与形式的统一体，内容决定形式，但适当的形式又可以促进内容的发展。在建设大学生态文化过程中，部分高校在形式上表现出明显的"重理论研究，轻实践环节；重阶段建设，轻长期坚持；重学生培养，轻师资培训；大学生态文化发展与德育建设相孤立"的"三重三轻一孤立"倾向，形式架构的不平衡，在一定程度上制约和影响着大学生态文化的发展。

（一）重理论研究，轻实践环节

现有的大学生态文化建设通过实施环境教育展开，主要集中在理论研究和课堂教学，在方法上多采用的是专业教学和课堂渗透。专业教学的教育方法需要有相应的教材、足够的学时、较高水平的教师、科学的评估体系等，完全按学科专业建设进行操作，而在现有的教育体系中，不可能强求所有的大学都开设相应的专业来实施环境教育，同时专业教学法所涉及的面也有限。因此，环境教育主要依靠课堂渗透，把有关环境保护的理念等渗透于各学科和课程教学之中，在这种情况下，重理论研究和课堂教学几乎成了大学生态文化建设的唯一的选择。

而开展环境教育，建设大学生态文化的最终目标是通过教育来建立与可持续发展相适应的思维方式和行为方式，环境教育的实践性特点又要求大学师生不能仅停留于课堂，应深入社会去了解、去调查、去感受，从而在实践中加强对环境保护的理解，树立和增强环境意识，并付诸行动。重理论轻实践的教育方法造成了理论与实践的脱节，从而影响了高素质人才的培养和大学生态文化的发展。

（二）重阶段建设，轻长期坚持

大学文化的建设是一个漫长的过程，需要时间的累积和历史的沉淀，大学生态文化的建设亦如此。激进的建设方式，很难使大学生态文化得到较好发展。现在许多大学开始注重利用有关环境保护的纪念日，如"3·12"植树节、

"4·22"世界地球日、"5·31"世界无烟日、"6·5"世界环境日等开展环境教育活动。高校通过举办"生态文化周",集中开展环保活动,使大学生态文化的建设和发展取得了一定的成效。但是部分高校活动开展不具有持续性,活动主办方对于纪念日的了解程度不够深入,导致活动开展只流于表面,难以深入人心。

受具体时间及参与人数限制,这些活动始终不能完全代替学校的日常教育,而且这些活动多是由学生社团组织开展,不可避免带有一定的松散性。现有的大学生态文化建设还缺乏一种长效机制,在学校总体发展规划、大学文化建设、培养目标的确定等大学发展的关键要素中,还没有明确的要求和表现,在实施过程中也没有具体的、可操作的方案等,总体来看,大学生态文化建设还处在大学发展的边缘。

（三）重学生培养，轻师资培训

大学生态文化建设的主体是大学的教师和学生,教师对学生负有教育和培养成才的义务和责任,教师素质的高低对学生的成长起着关键的作用。早在1977年发布的《第比利斯政府间环境教育会议宣言和建议》第17号和第18号建议就明确提出,教师应在环境方面获得与他们的未来工作地区（无论城市地区或是农村地区）有关的培训,应采取必要措施为所有有要求的教师提供环境教育的在职培训。在大学生态文化建设中,从理论和实践上探讨最多的是围绕学生来进行的,而对大学生态文化建设的另一重要主体——教师的重视程度相对偏弱。而大学教师的环境素养在整个大学生态文化建设中起着重要的作用,我国大学生态文化建设的一个重大的问题就是对这一作用的忽视。到目前为止,无论教育行政主管部门或是大学自身,都还没有一个提高大学教师环境素养的培训计划。因此,部分教师忙于自己的专业教学,很难有时间和精力去进行环境教育的教学研究工作,长期如此,这部分教师的环境素养就会跟不上社会经济的发展。

（四）大学生态文化发展与德育建设相孤立

大学生态文化发展不仅是校园文化建设的重要内容,同样也是大学德育建设的新课题。"生态道德教育与大学德育教育所体现的社会主义核心价值内容是完全一致的。"① 生态文化是人类在新的生存状态和发展模式下所进行的一种道德选择，生态文化与道德是一种相互包容和相互依存的关系，二者应当相互促进、共同发展。然而事实上，不论是高校管理者还是教师，对于生态文化的理解普遍不够透彻，导致了在生态文化建设中将其与德育建设区别对待的态度，这种态度也就造成了大学生态文化发展与德育建设孤立发展的结果，直接导致生态文化建设在大学缺乏实现路径。

第二节　文化变迁影响

文化变迁，指某种文化在内容与结构上产生量变的缓慢过程，可分为自然变迁与计划变迁两类。在影响文化变迁的诸多原因中，社会经济发展与物质精神需要是其最根本的原因。在社会文化飞速发展的过程中，追求经济增长成为社会发展的首要任务，从而使生态文化的发展受阻，难以真正将其落实到全社会人民群众的思想和践行中。大学生态文化发展的文化变迁影响主要表现为大学生态文化发展规划不明确、大学生态文化发展路径不清晰以及大学生态文化发展目标不具体三方面。

一、大学生态文化发展规划不明确

美国耶鲁大学和哥伦比亚大学联合发布 2022 年度全球环境绩效指数（EPI），对全球各个国家的环境状况进行了调查分析。EPI 提供了一个强大的政策工具，反映的是各国政府落实环境目标的情况，可帮助各国发现问题，从而制定更好的环境政策，以支持实现联合国可持续发展目标。数据显示，中国年度得分为 28.4，排名 160②。由此可见中国的环境治理仍有提升的空间。

大学生态文化建设作为中国环境治理的重要组成部分，必须做好长远的准备。然而大学生态文化建设目前表现出发展规划不明确的问题，集中体现在校园生态建设规划缺乏合理性。校园生态文化发展规划是否科学合理，取决于校园的生态文化功能是否能作为社会生态体系的一个组成部分得到有效落实。然

---

① 周训芳：《大学德育教育与生态文化建设》，《中南林业科技大学学报》（社会科学版），2012 年第 2 期，第 182 页。

② 中国环境网，http://res.cenews.com.cn/hjw/news.html?aid=982628。

而，在校园建设规划过程中，许多高校未能准确把握自身特点和建设目标，未能科学分析校园生态规划与区域环境和城市发展的协调程度，只是片面追求校园环境的外在美和视觉冲击。这就造成了校园环境显得杂乱无章且比较呆板，缺乏自身特色。此外，在设计校园时若过分强调功能系统的分离，忽视整体而偏重局部，会导致不同功能区之间缺乏联系或互动，显得校园设计缺乏灵活性和创造性。因此，我们需要探索如何以更科学、更合理的方式设计、建设校园生态环境。

二、大学生态文化发展路径不清晰

世界文化是一个包含统一性和多样性的辩证统一体。不同的民族在历史发展中形成了不同的文化传统，这是由不同的生产方式和不同的社会及自然物质条件所决定的。从社会发展来看，是文化的变迁推动着社会的变革。文化变迁是对传统文化的不断扬弃和发展，逐渐形成了质的转变。尽管不同类型的文化变迁的原因和路径存在较大差异，但一般而言，都是通过创新、积累、传播和适应来进行的。大学文化作为文化的组成部分，在文化变迁中也受到上述四个因素的影响。"中华民族五千年的灿烂文明铸就了博大精深的生态文化传统，积淀了深厚的生态文化底蕴，形成有别于其他文明的独特文化标识。"[1] 中国生态文化的发展是建立在传统文化的深厚基础、西方工业革命的深刻教训，以及现今中国严峻环境形势的紧迫性之上的。然而，大学作为促进我国社会和经济发展的重要力量，对此反映却较为平淡，迟迟没能制定一个完整、清晰的大学生态文化发展路径。从文化变迁的角度看，是大学文化对社会物质文化快速发展所表现出来的失调，反映了大学本身的文化危机。

文化批判是大学文化功能之一，是指按照一定的价值标准，分析和评判社会现实文化，从而引导社会文化的健康发展。对生态文化而言，大学理应迅速对它做出客观的分析和科学的判断，进而引导其大力发展，然而，至今大学生态文化建设仍是"犹抱琵琶半遮面"，这固然有多方面的原因，但大学文化批判功能的消减是重要原因之一。作为一种社会文化形态，大学文化的发展受社会政治、经济、文化等多种因素的制约和影响，同样，大学文化批判功能消减也受到来自内部和外部因素的影响。

---

[1]　邹广文、李晓白：《以儒家生态文化推进新时代生态文明建设》，《孔子研究》，2023年第1期，第53页。

从大学文化批判功能消减的内部因素看，主要有以下三点：其一，功利性因素影响。大学的发展总是受一定社会经济发展的影响和制约，在社会主义市场经济不断深入推进过程中，我国大学的发展也受到了来自市场经济的挑战，具体表现为大学的发展也开始追求以"数据论英雄"，似乎陷入了"功利主义"的误区。所以，破除"唯论文、唯帽子、唯职称、唯学历、唯奖项"的"五唯"评价成为高等教育改革的时代强音。大学发展所表现出的功利性趋势使得大学文化显得浮躁，单从人才培养的角度，就可能会使教育目的扭曲化，会错误认为获得"文凭"，并由此获得"好"工作，即是教育的最终目的。"大学的功利性追求不能偏离大学办学的根本宗旨，更不能置国家、社会、学生的利益而不顾，否则就会失去大学存在的价值，不为社会所承认，即使可能得利于一时，也是长久不了的。"① 因此，大学文化的功利性偏离了大学文化追求真理的本质，使得引领社会先进文化发展的功能弱化，特别是对于发展与生态文明建设相适应的生态文化表现为明显的滞后。其二，行政化因素的影响。在我国高校，行政泛化现象一直是公众关注的焦点，由于行政权力的泛化，无论是学术事务的管理还是行政事务的管理，行政权力都是绝对的中心，很多学术组织或学术机构的负责人都是学校的行政管理人员，这在一定程度上使学术权力屈从于行政权力，诸多学术机构难以发挥其应有的作用。学术权力和行政权力之间的不平衡影响了大学的学术文化，就大学生态文化发展而言，主要表现为大学的学者和研究人员对建设生态校园的关注不够。其三，大学人文精神弱化因素影响。大学人文精神弱化表现为注重现实追求，忽视价值理想，对大学生态文化发展的影响就会表现为对高校师生生态价值观培育的认识不到位和举措的乏力等方面。

从大学文化批判功能消减的外部因素看，主要有以下两点：其一，外部经济因素对大学文化的影响。大学文化具有不同的特点，这是由每所大学都有不同的发展传统决定的，但大学文化作为一种特殊的社会文化形式，也应具有创新创造、开放包容、追求卓越的普遍共同特征。但一段时期以来，市场经济下的市场驱动也影响着大学的发展，大学更像企业一样运作，将学生当作"教育消费"产品进行加工。简单而直接的"教育消费"模式，使得大学在一定程度上依赖于市场经济，从而削弱了大学文化对社会文化的批判性，使人们对生态文化的发展认识不足、关注不够。其二，高等教育国际交流日益频繁带来的影响不容忽视。发达国家将自身的文化与教育模式推广到其他国家或地区，很容

① 冷全：《简析大学办学的功利性目的与市场行为》，《教育与经济》，2009年第3期，第44页。

易造成该国家或地区高等教育的依附性发展与文化接受式的自我殖民倾向，在文化和精神等方面产生去民族化倾向，这对大学的危害将是致命的。[①] 无论是早些时期的偏重单向度向外的高等教育国际化，还是当下的更加注重以我为主的相互之间的高等教育国际交流，西方文化以经济实力为基础，保持着强大的地位和传播优势，在一定历史时期内相对难以逆转，这对我国高校文化发展的影响不容小觑，特别是对我国高校文化自信的影响更大，导致对中华传统生态智慧的传承弘扬与创新发展认识不深，重视不够。因此，大学应做到文化自信，对于大学生态文化建设而言，需要加深对中华传统生态智慧的认识，使其得以继承发展。

三、大学生态文化发展目标不具体

（一）应试教育弱化大学生态文化发展目标

无论从教育本身的结构或其历史发展来看，教育都是作为传播文化的一种手段而客观存在的。大学作为教育的最高层次，应该起到将文化的精髓传递到社会的作用。

我国优秀传统文化博大精深，凝聚着中华民族自强不息的精神追求和历久弥新的精神财富。党的十八大以来，以习近平同志为核心的党中央高度重视中国优秀传统文化的历史传承和创新发展，其中，生态文化更是在传统文化中占据着举足轻重的地位。然而长期以来的应试教育及根深蒂固的教育观念导致学校更注重职业知识和技能的教学，有的学校甚至把职业技能培训作为教育的全部，导致学生缺失环境道德的教育。而当今许多高校中，对学生的环境伦理教育仅仅被视为学生思想道德教育的一部分内容，教授内容与形式趋向简洁化，教学时通常都是粗略带过。大多数教师对环境问题的理解不深，授课时缺乏创新，与现实情况结合不足，从而使学生对环境保护和环境伦理的理解非常片面。同时，当前部分高校的环境教育比较重视环境道德的认知教育，却往往忽视了情感和意志教育，因此，情感和意志教育仍然是高校环境道德教育的最薄弱环节。环境道德领域的情感和意志教育，让大学生对环境保护有了一定的认识，但由于自身的力量不足，保护环境的意愿不够强烈，导致他们对生态环境问题不够关心。今天，中国正致力于国家现代化建设，为了在 2035 年总体实

---

① 郭峰、孙士宏：《大学自我批判精神重塑》，《教育研究》，2008 年第 3 期，第 46 页。

现教育现代化的目标，我们需要重新思考大学生态文化发展的理念和管理模式。怎样摆脱传统的应试教育，助力学校生态化发展，已经成为高校应仔细思考的问题。

（二）教育功能偏离大学生态文化价值取向

中国大学由于其特殊的性质与地位，具有多重性的功能，其中，教育功能是大学的主要功能。大学教育功能的发挥，一方面体现为通过教育教学活动的组织来实现人才培养；另一方面，也体现为大学文化对大学生成长成才的熏陶和影响。一段时期以来，大学教育功能在育人目标上与大学生态文化的价值取向出现偏离。北京大学钱理群教授认为，当前一些大学正在培养一些"精致的利己主义者"。[①]"精致的利己主义者"价值取向突出的是个人利益，这与趋于社会整体利益的大学生态文化的价值取向相背。

然而，解决环境问题往往需要花费数十年、上百年的时间。大学生是国家的未来，他们肩负着建设社会主义现代化的重任。解决环境问题是社会发展的客观需要和必然选择，只有提高大学生的环境道德素质，才能更好更快地实现生态文明。重视环境道德教育，能使大学生认识到当前环境问题的严重性，深刻理解生态文明建设的必要性；使学生树立尊重和保护环境的观念，积极协调人与自然的关系，提升自身的环境道德素质，积极投身于生态文明建设。今天的大学生作为未来社会建设的主力军，他们的环境伦理素质将与社会发展趋势相一致，影响着整个社会在决策、观念、技术、管理、生产和生活方面的生态化程度，对实现整个社会的生态化至关重要。因此，大学生态文化价值取向的确立，对整个社会从应然到实然的转变至关重要，对促进我国生态文明建设具有重要意义。

---

① 钱理群：《北大清华再争状元就没有希望》，《中国青年报》，2012年5月3日第3版。

第六章　行动：大学生态文化发展体系的构建

大学生态文化发展的瓶颈启示我们，需要探索构建新时代背景下大学生态文化发展体系。大学生态文化发展体系构建要从系统观的角度进行整体谋划，以培养新时代具有良好生态素养的高素质人才为目的，综合生态文明教育的逻辑表征，从内容体系、方法体系、目标体系、评价体系四个方面进行构建。建设大学生态文化需要充分结合高校培育大学生生态价值观的探索实践和经验，不断推进大学生态文化的发展。

第一节　构建大学生态文化内容体系

一、绿色管理

"绿色管理理念"以绿色发展为基础，强调绿色低碳管理本质要求，坚持"以人为本"的服务宗旨，侧重管理者以"主动意识"去完成制度建设。它能够对大学的领导决策制度、基层信息反馈制度、人事制度、教学制度、学科专业设置等方面提出更符合绿色发展要求的实践思路，为大学生态文化发展迈出坚实的一步。

（一）"以人为本"绿色管理理念在大学的遵循

大学是教师、学生、管理者乃至生活于其中的所有人员的大学，大学承载着全体师生员工的兴衰荣辱。于大学而言，管理不是行政命令，大学制度建设以及大学制度文化不是束缚、压抑师生员工的手段，而是提高工作效率，达成工作目标的科学方法。绿色管理坚持以"以人为本"的理念，就是更加注重站在人与自然是生命共同体的高度来谋划和推进大学的制度建设。作为一种谋求人与自然和谐共生的制度文化理念，绿色管理无论对教师还是学生，一个共同的要求都是遵循绿色发展，最终在制度文化指引下，自觉把"绿色"的制度空间发挥至最大，把"生态"的制度效能发挥至最大。

（二）在大学中推进绿色低碳管理

在生态文明建设不断推进过程中，大学要主动承担起"智囊团"的角色，提出有效的解决方案，以积极应对现实中所出现的环境污染问题。绿色低碳管理是指管理行为尊重自然规律，管理手段具有保护修复自然功能，管理结果产生绿色效益，能够体现出管理生命力与发展活力的一种管理模式。针对环境污染问题，绿色低碳管理要求大学管理者在制度建设中应具备克服及修复"管理失误"而偏离绿色低碳发展的思维能力与行为倾向，从制度上杜绝大学成为人才培养的"源头污染"，减少大学科研行为中的"污染扩散"等。通过制度建设，迅速提升绿色管理能力，促使大学管理更加和谐、有序，以适应生态文明建设要求。

（三）"生态主动意识"工作态度的养成

针对制度文化建设不细致的问题，绿色管理理念强调"生态主动意识"的工作态度，尽快补齐完善大学制度建设的"绿色缺陷"，这也是大学生态文化走向成熟的标志。管理是全体师生共同的责任，所以，管理者对生态文明建设是否积极，生态制度文化实施是否有效，是可以通过"生态主动意识"测评反映出来的。

（四）生态管理运行机制的构建

绿色管理理念借鉴了管理控制论的框架和运行机制。管理控制，是以控制论为理论基础……认为管理控制是由确定标准、评价业绩、纠正偏差构成的信息反馈回路，它的目标是经营管理的效率和效果。[①] 在管理控制运行机制的引导下，绿色管理理念在阐述绩效的同时，还要求时刻纠正偏离生态文明要求的盲动行为，减少错误管理引发的环境污染影响，使大学关于生态文明建设的管理效果达到最佳，实现工作运行的可持续化。因此，大学制度建设无论是立足"以人为本"的服务宗旨，还是生态管理控制论，二者从管理效果来看是一致的。"'控制'是保障'以人为本'宗旨更好更快执行的强有力手段，制度建设

---

① 杜栋：《管理控制学》，清华大学出版社，2006年，第90页。

与'控制'不能分家，'以人为本'也不能脱离'控制'营造的井然秩序。"①

高等院校绿色管理应该是立足人、自然、社会三者的和谐发展，充分利用管理手段，进行计划、组织、领导、激励的过程。具体而言，绿色管理包括管理制度、管理机构、管理手段和管理过程四个方面。

第一，在管理制度方面：用绿色发展理念创新学校各项规章制度。

第二，在管理机构方面：学校成立相应的绿色管理组织机构，研究和部署学校各方位的建设工作。

第三，在管理手段方面：不断创新大学绿色教育管理手段，出台降低管理成本的制度。

第四，在管理过程方面：学校应努力将资源消耗降到最低，如推行无纸化办公和少纸化办公等。

二、生态文明教育

（一）目标导向，加快高校生态文明教育顶层设计

依据 2018 年教育部《创建中国绿色学校倡议书》等相关文件精神，各地应结合实际情况，在现行的高校教育制度体系中嵌入生态文明教育，明确高校生态文明教育体系框架及发展目标。针对各地高校不同层次、不同办学性质、不同规模、不同发展阶段等实际情况，在人才培养方案制定、学分认定、课程设置、专业改造等方面嵌入生态文明教育内容，引导各高校选择适合自己的生态文明教育模式，进一步优化生态文明教育体系。【案例四】以高校组织开展生态伦理教育实践为例，将生态伦理教育与实践育人进行有机结合，不断探索高校生态文明教育的新路径，以着力培养具有良好生态素养的高素质人才。

---

① 李长吾，李莉，钱强：《绿色管理理念——大学制度文化建设的新视角》，《中国高教研究》，2008 年第 4 期，第 16~18 页。

【案例四】

高校开展生态伦理教育与实践育人融合的探索[①]

一、案例背景

2021 年 12 月，生态环境部印发的《"十四五"生态环境科普工作实施方案》中指出，人的素质全面提升已成为先决条件，亟须深入推进生态环境科普工作，不断培育和厚植我国生态文化，提高全民的生态环境科学素质与行动自觉，从知识普及向价值引领和能力养成过渡，促进人的全面发展。高校是培养生态环境专业化和复合型人才的重要阵地，是促进大学生全面发展的关键一环。关于高校生态伦理教育建设，很多高校都在教材开发、课程建设、社会实践等方面开展了具体的行动，但大学生生态伦理教育与实践育人融合仍然需要不断创新探索。

二、存在问题

为了解当前大学生的生态伦理教育的效果，作者团队以四川省绵阳市的高校为例进行问卷调查。

对大学生进行生态伦理教育，是为了让大学生养成良好的生态行为习惯。对大学生生态伦理认识、情感、态度、价值观的培养，最终都要落实到生态伦理实践中。因此，必须将大学生的生态环境行为的引导、行为习惯的培养，纳入生态伦理教育过程中。通过此次对大学生生态环境行为的践行度检验生态伦理教育成效，对于目前大学生生态伦理教育实践现状分析具有参考意义。

此次问卷见附录 3，共发放问卷 1000 份，因有 15 份问卷的作答时间小于 60 秒，视为无效，故有效问卷 985 份，回收率 98.5%。此次调查的学校为西南科技大学、绵阳师范学院和绵阳职业技术学院。调查对象为在校本专科学生及研究生。从性别方面来看，男生 470 人，占比 47.7%；女生 515 人，占比 52.3%。本、专科学生是受访的主要对象，其中大一、大二的受访学生为 443 人，占比 45.0%；大三、大四的受访学生为 502 人，占比 51.0%；研究生为 40 人，占比 4.0%。从专业来看，理工类专业学生为 504 人，占比 51.2%；人文社科类专业的学生为 187 人，占比 19.0%；农林医学类专业的学生为 133 人，占比 13.5%；艺术体育类专业的学生为 132 人，占比 13.4%；其他专业的学生为 29 人，占比 2.9%。

---

① 本案例由西南科技大学马克思主义学院研究生晏丽华整理提供。

问卷共有五部分：第一部分是调查对象的基本信息，包括性别、专业、所在年级等（1~3题）；第二部分是调查对象对生态的认知程度（4~6题）；第三部分是调查对象接受生态教育的渠道和对课程的满意度（7~10题）；第四部分是调查对象践行生态行为的态度（11~15题）；第五部分是调查对象的生态环境践行情况（16~17题）。从问卷回收反馈看，学生都有认真思考并选择答案。

三、案例分析

大学生的生态认知程度、生态教育课程、生态态度倾向和具体生态环境践行的状况，能够集中反映教育对象在生态伦理教育方面所获得的基础性认知，是进行生态伦理教育实践的必要考察。作者团队采用皮尔逊相关系数，运用数据分析软件 SPSS 26.0 对大学生生态环境行为的分类维度因子之间的相关性进行线性分析，结果见表 6-1，当前绵阳部分高校的大学生在生态环境行为方面存在着"高认知、低践行"的现象。这说明目前生态伦理教育的实践在大学生生态伦理理论层面取得成效，但在具体的生态环境行为实践层面还有待提升。

表6-1 高认知、低践行的相关性

相关性	生态知识认知程度	生态教育课程	生态态度倾向	生态环境践行
生态知识认知	1.000	—	—	—
生态教育课程	0.289**	1.000	—	—
生态态度倾向	0.215**	0.013	1.000	—
生态行为践行	−0.388**	−0.220**	−0.115**	1.000

注：** 表示相关性显著。

（一）大学生对生态知识的认知

首先，在对于绿色生活方式的理解上，注重环保行为、使用绿色产品、健康积极向上、绿色节俭消费、坚持绿色出行的比例分别是 47.2%、61.5%、50.4%、69.2%、57.6%，占比最高的是绿色节俭消费，而注重环保行为的比例相对较低，只有 47.2%，说明有一大半的调查对象并未意识到环保行为的重要性。其次，在认识生态环境问题方面，对雾霾的形成成因有 8.1% 的调查对象表示只是听说过或者完全不了解，64.7% 的调查对象只是大概了解。大部分调查对象并未深入了解生态环境问题，对生态环境问题的认识只是浮于表面。最后，关于世界环境日，85.7% 的学生能够明确说出世界环境日的具体日期，而 14.3% 的学生并不知道或把日期记错。

（二）大学生对生态教育课程的评价

首先，对于调查对象了解绿色行为的渠道，排在前三的分别是学校教育（59.6%）、网络（55.2%）、相关图书（50.6%），通过社会实践与公益活动了解绿色行为的比例是 40.0%。有 86.8% 的调查对象表示学校开设了与生态环境相关的课程，而还有 13.2% 的调查对象并不了解或者说没有开设此类课程。其次，在高校的生态伦理教育中，有 64.4% 的调查对象认为大学教师在教学过程中可以贯彻生态思想这一教学理念，25.2% 的调查对象认为能贯彻这一理念的大学教师并不多，10.4% 的调查对象认为贯彻这一理念的大学教师很少或者没有。最后，调查对象对学校生态环境教育的满意度进行了评价，从校园文化塑造、教师生态伦理知识储备、教师上课形式和方式、学校及社团举办的相关社会实践活动等方面来看，有 65.0% 的调查对象满意或很满意，有 20.0% 的调查对象认为一般，有 15.0% 的调查对象认为不满意。

（三）大学生对生态行为践行的态度

首先，在参与学校或学生社团组织的相关生态实践活动方面，有 86.3% 的调查对象参加过。在问及是否有意愿参加环保类性质的活动（包括绿色地球、相关社会调研）时，62.5% 的调查对象有意愿并且参加过，32.0% 的调查对象有意愿但没付诸实践，5.5% 的调查对象没有意愿但被强制参加过。其次，关于大学生的生态行为自律，有 77.6% 的调查对象表示在需要扔垃圾而周围无垃圾桶时，可一直拿着垃圾直到扔到垃圾桶，7.7% 的调查对象表示会选择随手扔掉，14.7% 的调查对象表示会在没人看见时扔掉。最后，在购买商品方面，有 77.4% 的调查对象会倾向购买标明"绿色产品""可循环""低碳"等相关标识的产品，15.8% 的调查对象认为无所谓，还有 6.8% 的调查对象表示不喜欢购买绿色相关产品。当问及个人的生态环境行为对整个社会的影响是否重要时，有 80.2% 的调查对象认为重要，生态文明要从个人做起，有 6.9% 的调查对象认为不重要，个人的力量太小且不构成影响，还有 12.7% 的调查对象表示从来没考虑过。通过调查显示，大学生在生态环境行为践行方面的态度还有待提高。

（四）大学生对生态环境行为的践行

首先，在生态环境行为具体的践行方面，作者团队从九个维度展开了调查，结果如图 6-1 所示。从图 6-1 可以看出，调查对象不会践行此类生态环境行为的占比均在 40% 以上，尽管大部分调查对象都显示出高认知度和积极的生态践行态度，但实际践行度较低。其次，在对于如何提高大学生生态环境行为践行度上，调查对象认为有效的方式依次是建立科学的评价反馈机制（55.0%）、出台与实践相关的政策和文件（53.7%）、加大校园监督和奖惩力度（53.3%）、积极组织生态环保公益活动（48.8%）、与企事业单位合作相关项目（42.7%）、配备社会实践活动的专业教师（38.2%）。

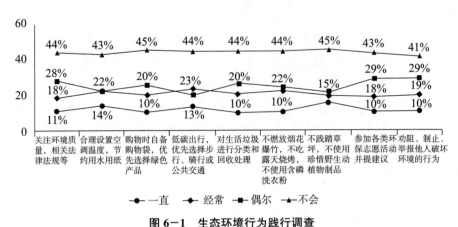

图 6-1　生态环境行为践行调查

四、案例总结

目前，大部分高校在生态伦理教育的理论教学中取得了一定成效，从调查问卷来看，大学生对生态认知度较高，但在实践教学方面有待增强。实践教学主要存在的问题有以下几点：一是实践教学侧重于形式，没有深化内容，使得大学生参与生态文明建设实践活动的积极性不高，部分指导老师对于实践教学也只是一带而过。二是部分高校对实践教学重视程度不够，投入的资金、人力不足，没有引起大学生情感上的共鸣，导致生态伦理教育实践教学活动受限，质量一般。三是大学生本身过分依赖网络等社交媒体，对生态教学实践活动重视程度不足，没有认识到生态素养的提升对于自身的重要性。大学生生态伦理教育最终落脚于大学生生态意识的增强和环境行为的习惯养成，加强大学生态伦理教育，可在教学实践环节、社会实践活动以及网络虚拟实践等方面加强。通过反复教育实践，教育引导大学生强化生态认知、生态情感、生态态度等，将生态环境行为意向转化成为实际的生态环境行为，并形成固定的行为习惯。将生态素养培养与生态行为践行相结合，以新认知、真情感、新态度推动行为实践，实现显性教育和隐性教育的互融互通。

（二）引育结合，加强生态文明教育师资队伍建设

教师对生态文明教育理念和价值的把握是确保课程能够融合生态文明教育的关键。因此，教师必须具备从事生态文明教育的基本知识、绿色意识和绿色思维，这就需要对教师进行生态文明教育培训，以提升教师的专业素养。

（三）面向社会，构建高校生态文明教育的多方协同机制

新时代大学生生态文明教育要以目的为导向，培育自觉保护环境的时代新人，持续推动美丽中国建设。"任何制度化的活动势必体现出一定的社会效益，否则就失去了其合理性和有用性。高校生态文明教育制度的价值追求不仅体现在高校生态文明教育本身，而且体现在环境治理的效益之上。"① 生态文明教育社会文化的营造既是高校生态文明教育体系构建的目的，也是高校生态文明教育的强大保障，大学生生态文明教育离不开良好的社会文化环境。高校生态文明教育的多方协同机制的构建，不仅要建立区域内生态文明教育的开放合作体系，更要充分发挥政府部门、环保社团组织、高校、社区和企业的作用，鼓励师生积极参与社会的绿色实践活动，形成一个定位明确、分工明晰、相互支持、相互配合的联动机制。

（四）政策支持，营造生态文明教育环境

生态文明教育的最终落地与培育目标的实现，离不开教育部门的政策支持。目前，我国高校生态文明教育工作取得了一定的成效，但是对比环境教育起步较早的国家，仍存在一定的差距。我们可以从以下几方面入手，全面加强生态文明教育。

首先，加大经费投入。在高校生态文明教育工作专项经费的管理上，各地区教育部门应根据高校的具体情况设置合理的生态文明教育活动经费，最大限度地支持大学生参与生态文明教育实践；在教师培训上，教育部门要制定高校生态文明教育培训专项计划，体现出对高校生态文明教育教师的鼓励与支持，使教师群体安心接受、乐于参与高校生态文明教育工作的培训活动，并将此纳入年度教师绩效考核、评奖评优范围内。

其次，教育部门应积极引导高校教师从事生态文明建设相关研究，鼓励师

---

① 刘志坚：《新时代高校生态文明教育的制度体系探析》，《广西社会科学》2019 年第 3 期，第185 页。

生组建高校生态文明教育的科研团队，完成生态文明教育科研成果转换，以实际行动践行绿色低碳生活理念。

最后，建立考核与评价制度。高校生态文明教育的考核与评价，应围绕培育目标、培育内容、培育方法等项目进行，通过考核方法对生态文明教育体系的有效性、可行性进行评估；还可以聘用校内外从事生态文明教育研究的专家学者，以建立资源共享、相互协作的高校生态文明教育公共教育平台。

三、绿色服务

在高校中，绿色服务指以培养具有良好生态素养的高素质人才为目标，更新服务理念，通过及时、满意、高效率、高质量的服务，促进学生按照培养目标健康发展。高校后勤部门在学校绿色服务体系构建中具有独特的教育和服务优势，并发挥着重要的作用，因此在后勤部门构建完善的高校绿色服务体系势在必行。

（一）"绿色饮食"服务是高校绿色服务体系中的重要一环

保证饮食原料和食品安全生产，是高校后勤部门最基础、最重要的工作。高校后勤部门不仅要为学生提供味美价廉的饭菜及热情周到的服务，而且还要为学生提供安全的食品和真正的绿色食品。在高校绿色服务体系构建中，"绿色饮食"是其中重要的一环。"绿色饮食"强调保证食品安全，为保证食品安全，高校食堂除了在食品储运、加工等环节严格执行食品卫生标准外，最重要的是把好食品质量关：不安全的食品，假绿色食品一律不准进入校内市场，实行高校"绿色食品壁垒"政策，建立"准入制"。为了推行"绿色食品壁垒"政策，高校后勤管理部门应建立果蔬食品农药残留指标检测系统，除了对各食品供给企业进行价格、外观等常规标准检查外，还应将农药残留量的指标列入审查项目。除了对饮食原料、食品严把质量关外，学生所使用的床上用品、寝室家具等生活用品及设备的购入，也要通过准入供货机制及相应的质量检测系统来保证产品的质量。

（二）"节能实践"是高校绿色服务体系中的重要内容

虽然各高校都有节水、节电、节煤、节油等与节能管理相关的制度和措施，但还是存在浪费能源的现象。按照绿色运营理念，节能工作不仅能降低高校办学成本和后勤服务成本，而且在节约资源、维护人类共同的生存环境方面具有更为重要的现实意义和战略意义。高校的节能工作应由后勤部门与其他部门齐抓共管，强化全校师生员工的节能意识，并通过规章制度与措施取得良好的节能效益。高校后勤部门可以通过在经营、服务和管理过程中的教育和宣传，让广大师生在日常学习和生活中感受绿色服务的氛围，从而影响和感染广大师生，共建绿色校园。

第二节 构建大学生态文化方法体系

无论是党的十九大对创建"绿色学校"的部署，还是绿色发展的现实需求，"绿色发展"始终是高校的最终发展方向，因此，必须将生态文明教育纳入高校的教育体系中。绿色学科规划是高校开展绿色教育的顶层设计，高校从学校层面到学院层面，从教师到学生，必须认识到绿色教育的意义和目标。[1]这也需要我们在实践中探索生态文明教育的实施路径，进一步构建大学生态文化方法体系。

一、生态文明教育系列课程的开发建设

开设生态文明教育系列课程是实施生态文明教育的主要途径之一。生态文明教育系列课程从内容上看，可以是生态文明理论专题讲解、典型绿色发展案例分析、学生参与撰写绿色发展调研报告或论文等各种形式。特别是在党和国家提出"碳达峰 碳中和"的战略背景下，高校需要根据国家需求、教学规律及学生特点设计、实施课程。

生态文明教育系列课程的开发建设是一个动态的过程，需要高校持续开发、设置和优化更多适宜的课程，尤其是基于交叉学科的课程。在课程内容的设置上应根据可持续发展战略及生态文明建设的需求进行，不仅要有合理的规划，还要根据实际需要有步骤地适度"超前"设计，积极开拓学生的绿色思维。

建设、开发生态文明教育系统课程，首先要建立先进的学科理论体系，从概念介绍到理论阐述，使学生能够系统且全面地掌握与生态文明相关的理论。

---

[1] 辛培远、李明惠、冯晓彤，等：《绿色校园视域下高校既有建筑运营管理与维护的对策和措施》，《项目管理技术》，2020年第18卷第5期，第70页。

在专业基础知识与专业技能的课程中融入绿色发展理念，通过生态文明理论和绿色发展技能的教学，使学生的绿色思维得到持续巩固和强化。同时，教师在课程教学中应积极组织学生对相关问题进行讨论，让学生能够有更多的机会站在绿色发展的角度去考虑环境保护问题，将理论知识与实际应用相联系，避免从孤立、单一的角度看待环境保护问题。

其次，编写与生态文明教育主题相关的教材和讲义。教材和讲义是课程的基础，高校需要鼓励和组织教师深化积累与生态文明建设相关的理论研究。教师应依托本校的专业优势，不断丰富完善与生态文明教育主题相关的教材和讲义内容。

最后，教师应积极开展生态文明案例教学。教师在教学过程中引入与生态文明建设相关的优秀的案例，采用情景化教学等方式，将学生引入理论和情境探究中，有效解决"理论与实践"的割裂状态。"实践教学是理论教学的有益补充，只有把理论教学与实践教学结合起来，才能构成一个完整的教学活动。"[1] 教师在重视课堂理论教学的同时，还应积极构建实践教学体系，使高校生态化教学内容更为丰富。

二、绿色活动的组织与开展

大学生生态文明素养的培养，既需要通过课堂让大学生掌握生态文明理论知识及相关技术，还需要组织他们参与更多的实践活动。开展实践活动能让大学生提高发现、分析和解决环境问题的能力。第一，举办生态文明教育活动，如举办绿色发展讲座或论坛，可以开阔他们的眼界，提高对学术的兴趣；组织开展大学生喜闻乐见并与生态文明相关的知识竞赛、辩论赛、案例大赛等，大力营造生态文明教育的氛围，在潜移默化中促进学生提升生态素养。第二，组织学生环保社团开展环境保护活动。例如，【案例五】"激发环保社团活力，建设大学生态文化"就是以西南科技大学"承诺自然"环境保护协会所举办的活动为例，充分展示了环保社团在促进大学生态文化发展中所起的重要作用。高校还应充分利用与环境保护有关的节日开展环境教育活动，如每年"6·5世界环境日"各高校都会通过不同的主题宣传环境保护知识。

---

① 余双好：《构建与课堂教学相互促进的思想政治理论课实践教学体系》，《思想理论教育导刊》，2015 年第 11 期，第 8 页。

【案例五】

激发环保社团活力，建设大学生态文化[①]

一、案例概述

承诺自然环境保护协会成立于 1999 年 3 月 19 日，由西南科技大学 1999 级环境工程专业学生为响应绿色营的号召而创办，协会挂靠于西南科技大学环境与资源学院。该协会由六个小组（外宣项目组、集训项目组、水环境项目组、爱护动物项目组、自然体验项目组、环境教育项目组）和秘书处组成。至今，承诺自然环境保护协会已成功举办了 18 届"四川省大学生绿色营"和 3 届"育芽营"活动，对扩大环境保护的影响力起到了很好的促进作用。"四川省大学生绿色营"主要由自然体验项目组和水环境项目组共同负责，每届绿色营会探访某地，根据当地的环境特点积极开展自然体验、环境教育、水调研、绘制绿地图等活动，并为当地解决一个环保实际问题。而"育芽营"是顺应时代的需求和绿色营的转型而诞生的，该活动以环境教育与自然体验为主，以培养敬畏自然、热爱自然，对自然具有深厚情感的营员。

高校学生社团是具有相同兴趣爱好的学生聚集在一起的群体，其多样性的特征为大学生践行社会主义核心价值观提供了平台。西南科技大学承诺自然环境保护协会永远秉持着承诺自然，用心呵护每一片绿的宗旨，发扬民主、团结、务实、创新的精神，向着培养绿色种子，让环保深入人心的目标，喊着"承自然之道，诺环保一生"的口号，跟上新时代的步伐，在践行绿色文明的路上砥砺前行。通过光盘打卡、回收废纸壳和旧书、清理沿河垃圾、检测水质、垃圾分类、向社区居民调查污染情况、教小朋友环保知识、举办长期调研营等方式保护环境；通过观鸟、植物认知、自然创作、耕种体验、举办短期户外营等活动探索自然奥妙；通过参与黑熊救护、保护流浪猫狗救助等志愿活动，大学生的社会实践能力得到锻炼，引导大学生做社会主义核心价值观的坚定信仰者、积极传播者和模范践行者。

承诺自然环境保护协会通过开展独具特色的寒假营、清明营、五一营，带领同学们去深入自然，体验自然。例如，寒假水环境调研营针对四川绵阳的水系展开持续多年的调研（目前涉及的水域有绵阳市内的鲁班湖、燕儿河、仙海湖、涪江、安昌河等），深入调查研究了绵阳当地水系存在的环境问题，并在

[①] 本案例由西南科技大学承诺自然环境保护协会指导教师邹高祥整理提供。

教师的指导下开展水质检测、其他环境情况调研、居民调研、绿地图绘制等活动，通过新媒体将调研成果推送给社会大众，并将调研报告反馈给当地政府相关职能部门（如绵阳市生态环境局等），以便于职能部门将来可针对性地展开生态环境的改善工作。截至目前，承诺自然环境保护协会在每年的调研回访中都能发现当地的水系环境在逐步改善。

良好的社团文化是高校实现文化育人的有力抓手，而学生社团是校园文化建设的重要载体之一。比如，在承诺自然环境保护协会，同学们能够学到常规的办公应用技巧；能够学习到关于摄影、拍照记录以及剪辑视频的技巧；能够提升撰写新闻稿的能力；能够进入环境专业研究生实验室进行参观学习，并亲手参与实验过程；能够认识掌握与户外运动相关的知识，领略绵阳及周边的自然风光；能够了解与环境保护相关的科普知识，如校园里的植物、鸟类，认识保护水资源的重要性……此外，同学们在团建活动中还能提高协作能力，在调研类活动中学习撰写调查报告的技巧，在筹备类活动中提高组织协调能力……承诺自然环境保护协会能磨炼同学们的意志，培养吃苦耐劳的精神；社团的氛围让同学们有归属感；社团内部交流群也会不定期分享来自全国各高校环境保护协会的信息，让同学们更加了解生态环保的最新资讯。

承诺自然环境保护协会还在继续摸索、不断创新，旨在以更好的方式践行生态文明理念。例如，该协会每年组织社团成员积极参与大学生科技竞赛活动，如"挑战杯"全国大学生课外学术科技作品竞赛及全国大学生节能减排社会实践与科技竞赛等，并多次获奖。承诺自然环境保护协会也因为表现突出，多次荣获校级、市级优秀社团，省级高校明星社团等称号。

二、案例分析

学生社团作为高校共青团联系学生、服务学生的重要活动组织，是推进高校思想政治教育工作改革创新，完善"三全育人"体制机制的重要抓手，也是校园文化建设的重要载体。

高校应积极引导环保类社会公益型社团的发展，选派有专业特长和责任心的教师指导学生社团建设。在建设环保社团的过程中，要注意将中华传统生态智慧与学生的环境公益活动相结合，抓住"弘扬中华优秀传统文化"和学生社团文化节等契机，大力开展健康向上、丰富多彩的环境保护活动，进一步增强环保社团的凝聚力和吸引力，激励青年大学生树高远志向，把学到的知识运用到生态文明建设中去，实现德智体美劳"五育"并举，助力学生成长成才。

三、校园绿色环境建设

（一）打造绿色校园景观

一般而言，景观指一定区域呈现的景象。校园景观是在校园环境格局中由地形、建筑物、自然生态要素和设施等组成的各种物理形态。校园景观能让校园更富有活力，也是展示校园文化的窗口。打造绿色校园景观，就是要将大学的人文之美与生态之美有机融合，充分体现大学生态文化建设的作用。

（二）推广绿色校园建筑

所谓绿色建筑，是指在建筑的全寿命周期内，最大限度地节地、节水、节能、节材，保护环境和减少污染，充分体现低碳、环保的建筑，它能为人们提供健康、实用和高效的使用场景。绿色校园建筑是大学生态文化的物质载体。

（三）构建绿色校园建设长效机制

充分发挥高校师生主体作用，当绿色校园建设的践行者。高校师生掌握了一定的专业知识，对于新事物的接受和学习能力较强。高校师生是学校建设的主体，需要勇于承担绿色校园的建设任务，在理解绿色校园内涵的前提下，高校可以定期组织师生开展绿色校园建设活动，如组织师生开展绿化美化校园活动，将广大师生组织起来积极投入绿色校园的建设。同时，通过相关制度的创新完善，将绿色校园建设纳入学校的整体规划，不断构建绿色校园建设长效机制。

第三节 构建大学生态文化目标体系

一、确定大学生态文化建设的基本目标及原则

（一）大学生态文化建设的基本目标

1. 从时间的维度确定目标

要加强大学生态文化的建设，必须确定其建设目标。大学生态文化建设的

目标可以分为短期目标、中期目标、长期目标三个阶段。

（1）从短期目标看，大学生态文化建设主要在于转变观念，在大学师生中树立生态价值观，创新教育理念，改革培养目标，探索教学过程中的生态文明教育模式，加强实施生态文明教育的研究和实践。

（2）从中期目标看，大学生态文化建设已有初步成效，大学生态文明教育的体系基本构成，师生的环境意识有了明显提高；大学已成为环境保护的人才培养基地和科学研究中心，培养的学生具有良好的生态素养。

（3）从长期目标看，大学生态文化建设应该是通过培育有利于大学生态文化建设的机制，让生态文化的理念深深地融入大学文化的"血脉"，同时，不断注入新的"养分"，形成一种大学文化的精神和理念。

2. 从过程的维度确定目标

大学生态文化建设目标作为大学生态文化课程的设置依据，需要明确以下几个目标：

（1）根本目标。大学生态文化建设的根本目标是最基础、最本质的要求和准则，体现了高校培养人才的方向和目的，是大学生态文化发展的出发点。简而言之，就是提高大学生对生态环境价值的认知，在认知客观世界的同时改造主观世界，能尊重自然、热爱自然、保护自然，感受自然美，体验自然美，具备较高的生态素养。

（2）最终目标。从大学生态文化建设的教育本质来看，大学生态文化建设是根据社会实际要求针对教育对象实施一系列的教育活动。换言之，大学生态文化建设的最终目标在一定程度上体现了社会发展的目标，应根据社会的需求培养人才。大学生态文化建设的最终目标是促进大学生自由而全面的发展，从而能够正确地处理人与人、人与社会、人与自然的关系。它是大学生态文化建设的最终归属，同时也体现了大学生在社会中的个人价值和基本的生态素养。

（3）具体目标。具体目标是根本目标的细化，是大学生态文化建设内容设置的重要依据。大学生态文化建设在制定具体目标的过程中，具有对象性、阶段性、层次性、系统性、整体性、全面性等特征。对象性是针对不同的教育对象，阶段性需要考虑教育对象的学习阶段，层次性、系统性、整体性和全面性主要体现在大学生态文化建设的知识目标、价值目标、道德目标和行为目标的内在连续性和联系性。换言之，大学生态文化建设的具体目标是要根据不同的学习阶段和教育对象，连续、系统地明确各阶段需要实现的生态素养水平。

（二）大学生态文化建设的原则

大学生态文化建设最终在于促进人的全面发展。根据大学文化发展的特点，建设大学生态文化一般应遵循以下原则。

1. 全员性原则

大学生态文化建设的主体是高校的师生员工。师生员工应充分发挥主体意识，主动承担责任，按照大学生态文化建设要求确定目标和内容参与其中，要充分认识到参与本身也是一种教育与受教育的过程。

2. 强制性原则

唯物史观认为，人的观念和意识是受社会物质基础决定的，但观念与意识又具有相对的独立性，与社会物质生产并不是同步的，往往表现出超前性和滞后性。当前，大学生态文化建设表现出的滞后性必须通过人为作用来加强，即通过政策、纪律、规章制度等强制性措施，推进大学生态文化建设的发展。

3. 循序渐进的原则

大学生态文化建设是文化事业也是环境保护事业，与人才培养更是息息相关。因此，大学生态文化建设不是一蹴而就的，必须根据各大学自身的特点整体设计、分期实施、循序渐进，把大学生态文化建设逐步推向深入。

4. 整体性原则

这是从组织机构的角度提出的，在大学生态文化建设中，高校作为一个组织整体参与，充分体现出系统性、完整性、严密性和权威性。

二、确定大学生生态价值观培育目标

开展大学生态文化建设，必须紧抓大学生生态价值观培育，使其成为大学生态文化建设的主阵地。

（一）生态价值观培育的相关概念

生态价值观是建立在生态价值认识基础上的价值判断和价值取舍，反映了人们生存理念的生态发展。[①] 第一，明确生态价值就要承认生态价值客观存

---

① 杜明娥：《生态价值观教育的文化启蒙意蕴》，《海南大学学报》（人文社会科学版），2018年，第1期，第91页。

在，大自然中的一切生物除了对于人类而言有价值，其本身也是一种价值存在，在尊重自然的前提下，与自然和谐相处；第二，人们在实现对自然正确认知的基础上，还要在社会实践活动中形成正确的价值判断，厘清人与自然和谐相处的价值标准。从生态价值到生态价值观的转变，需要充分学习并领会马克思、恩格斯生态文明思想，中国生态文明传统，习近平生态文明思想，在理论与实践中深化对生态价值观的认知。

生态价值观作为一种意识形态，将反作用于物质世界，影响社会的发展。开展生态价值观培育工作，可助力生态文明建设。在新的时代背景下，"建设生态文明，就需要有适当的意识形态作保障。生态价值观作为生态文明建设的'意识形态'，是不可或缺的。秉持什么样的生态价值观，就会有相应的行动并形成相应的生态环境关系"①。大学是学生价值观形成的重要阶段，价值观一经形成将对大学生的思想、行为产生巨大影响。步入新时代，大学生接受教育的形式更为多样化，这也对创新新时代大学生生态价值观培育工作提出了更高的要求。

（二）生态价值观培育的发展历程

生态价值观的培育与经济社会发展密切相关。特别是党的十一届三中全会以来，我国的经济快速发展，经济结构更加完善、经济布局不断优化，给国家经济带来极大增长的同时，也给我国的生态环境带来了前所未有的挑战，人们的生态价值观也逐步发生改变。我们应在深入分析经济发展的同时关注生态环境问题，以及党和国家采取的政策举措，进而引发对生态价值观培育的思考。

1. 新中国成立初期到改革开放前：生态价值观培育的起步阶段

新中国成立初期，我国的发展战略主要以重工业发展为主，从"一五"计划到"五五"计划这一阶段，扩大经济规模和加强工农业建设是我国发展战略的核心内容，片面追求经济发展，对生态环境造成的破坏并没有引起人们的重视，环境保护制度不完善、环境保护意识淡薄，生态环境保护的体制不够健全。自新中国成立到 20 世纪 70 年代初，我国成立了专门的部门组织开展保护生态环境工作，制定出台了《关于保护和改善环境的若干规定》。清华大学也在 1977 年建立了第一个环境工程专业，大学生生态价值观培育才开始起步。

2. 改革开放到党的十八大：生态价值观培育的发展阶段

1978 年底，党的十一届三中全会在北京召开，标志着我国进入改革开放

---

① 戴秀丽：《生态价值观的演变与实践研究》，中央编译出版社，2019 年，第 2 页。

和社会主义现代化建设的历史新时期，改革开放使我国经济得到了极大的发展。由于经济发展的需要与环境自我净化能力的不协调，以及对生态环境管理的呼吁，我国相继出台了有利于环境保护的政策与方针。从1981年到2000年这一阶段，我国各个五年计划的制订，都将生态环境保护纳入全国性的计划。比如，杜绝环境破坏，阻止环境恶化就是"六五"计划中明确提出的要求。"十五"规划（2001—2005年）期间，生态环境保护的目标就是总体上要将完善生态、保护环境作为经济发展和提高人民生活质量的重要内容，加强生态建设，遏制生态恶化，加大环境保护和治理力度，提高城乡环境质量。"十一五"规划（2006—2010年）提出要增强可持续发展的能力，基本遏制住生态环境恶化的趋势，实现森林覆盖率达到20％的目标。总之，我国出台的生态环境保护政策和措施，不仅是战略上的指导，更是细化到具体的定量化指标，确保生态环境保护政策落到实处、收获成效。这一时期，生态价值观培育有了新的发展，一种倡导尊重自然、注重人与自然协调发展的生态价值观逐渐形成。

3. 党的十八大以来：重视生态价值观培育阶段

2012年，中国共产党第十八次全国代表大会在北京召开，提出"五位一体"总体布局，将生态文明建设与经济建设、政治建设、文化建设以及社会建设放在同样重要的位置，"四位一体"到"五位一体"的变化，说明了我国生态文明建设开始进入新阶段。生态文明建设关系到民生福祉与民族发展，对于目前生态环境污染以及生态系统退化的严峻形势，树立正确的生态文明理念，尊重自然、顺应自然、保护自然是十分必要的。坚持在社会经济建设、政治建设、文化建设、社会建设的过程中践行生态文明理念，助力美丽中国建设，实现中华民族的永续发展，我们一定要更加自觉地珍爱地球，更加积极地保护生态环境，努力走向社会主义生态文明新时代。党的十九届五中全会开启全面建设现代社会主义国家新征程，提出2035年基本实现社会主义现代化的远景目标，广泛形成绿色生产与生活方式，生态环境根本好转，基本实现美丽中国是国家2035年远景目标的主要内容之一。现阶段，优化生产和生活方式的绿色转型取得明显成效，能源配置更加合理，利用效率大大提高，主要污染物排放总量不断减少，生态环境不断改善，生态安全屏障得到加强，城乡人居环境得到明显改善，社会经济发展与生态环境保护协调发展。这一时期，生态价值观培育得到高度重视，特别是2018年5月习近平生态文明思想的确立，以及提出构建以生态价值观为准则的生态文化体系，为新时代大学生生态价值观培育提供了重要遵循，大学生生态价值观培育也被提到了重要的高度，提出了更高的要求。

（三）大学生生态价值观的培育

1. 问卷调查

为了充分了解当前大学生的生态价值观培育的目标与内容、方法与现状，分析当前大学生生态价值观培育的具体情况，找出大学生生态价值观培育工作的问题与不足之处，2020 年 5 月至 2020 年 8 月，调查团队对西南科技大学、绵阳师范学院、四川中医药高等专科学校、西南科技大学城市学院等高校的大学生进行了问卷调查，详细内容见附录 4。本次调查问卷共发放了 550 份，剔除缺漏以及重复选项作答等无效问卷，得到 470 份有效问卷，最终的问卷有效率为 85.45%。

收回问卷后，调查团队首先对样本的总体情况进行分析，主要从专业、年龄、学历、所在高校四个方面进行描述性分析，统计结果整理见表 6—2。

表 6—2 样本人口统计学特征描述

项目	类别	人数（人）	百分比（%）
专业	人文社科类	229	48.72%
	理工类	241	51.28%
年龄段	"00 后"	383	81.49%
	"90 后"	87	18.51%
学历	专科	138	29.36%
	本科	316	67.24%
	研究生	16	3.40%
所在高校	A 校	130	27.66%
	B 校	61	12.98%
	C 校	119	25.32%
	D 校	112	23.83%
	其他	48	10.21%

从本次所调查的大学生生态价值观培育体系现状的样本数据中分析，从专业方面看，人文社科类的有 229 人，占比 48.72%，理工类有 241 人，占比 51.28%；从年龄段看，00 后有 383 人，占比 81.49%，90 后有 87 人，占比 18.51%；从学历方面看，专科有 138 人，占比 29.36%，本科有 316 人，占比 67.24%，研究生有 16 人，占比 3.40%；从所在高校看，A 校参与问卷调

查的人数为 130 人，占比 27.66%，B 校参与问卷调查的人数为 61 人，占比 12.98%，C 校参与问卷调查的人数为 119 人，占比 25.32%，D 校参与问卷调查的人数为 112 人，占比 23.83%，其他高校参与问卷调查人数为 48 人，占比 10.21%。

调查问卷在设置上遵循了培育目标、培育内容、培育方法和培育环境四个维度的概念、向度、具体内涵。调查团队回收调查问卷后，主要通过 SPSS 24.0 软件对回收的数据进行处理与分析。

2. 培育体系构建可行性分析

为了对所回收的 470 份有效问卷进行有效的数据分析，调查团队采用皮尔逊相关分析法对研究的主要变量之间的线性相关性进行分析，相关性分析结果见表6-3。

表 6-3　相关性分析

项目	培育目标	培育内容	培育方法	培育环境
培育目标	1.000	—	—	—
培育内容	0.605**	1.000	—	—
培育方法	0.238**	0.185**	1.000	—
培育环境	−0.098*	−0.084	0.231**	1.000

注：* 表示 $P<0.1$；** 表示 $P<0.01$。

由表 6-3 可知，培育目标与培育内容（$r=0.605$，$P<0.01$）为显著正相关，培育目标与培育方法（$r=0.238$，$P<0.01$）为显著正相关，培育目标与培育环境（$r=-0.098$，$P<0.05$）为显著相关，培育内容与培育方法（$r=0.185$，$P<0.01$）为显著正相关，培育方法与培育环境（$r=0.231$，$P<0.01$）为显著正相关，由此可以进行下一步的具体分析。

第一，培育目标是否达成是体系构建可行性评判标准。通过上述相关性分析可知，培育目标与培育内容、培育方法、培育环境呈现显著相关关系，由此才能进行接下来的线性回归分析。生态价值观培育体系构建围绕培育目标进行，并将培育目标是否达成作为评价此体系构建是否可行的评判标准。因此，问卷的问题设置将培育目标作为因变量，将培育内容、培育方法、培育环境作为自变量。

裴艳丽（2018）认为，大学生生态文明观教育的总体目标就是要从根本上改变大学生对自然固有支配和占有的观念，唤醒生态良知，重新树立起人与自然和谐共生的理念，培养和造就具有生态文明素养的"生态人"。[①] 斯德哥尔摩人类环境会议对于国际环境教育的发展起到了一定的推动作用，随着 1977 年发表的《第比利斯政府间环境教育会议宣言和建议》以及实施环境教育的建议书的发行，明确了环境教育的具体目标应该如何进行定义的问题，包含了对于环境教育的认知、情感、意识、行为、教学等方面，对世界各国开展环境教育提供了方向指导。本调查问卷在问题设置中充分借鉴了上述宣言与建议书中的具体要求，又细分为价值判断培育、道德情感培育、行为模式培育三个维度。

第二，培育内容对培育目标有显著正影响。在检验培育内容对培育目标的影响时，可建立模型 1—0，该模型仅对学校、专业、年龄段三个控制变量进行回归分析，以分析人口学背景变量对培育目标的影响。研究结果见表 6-4，学校、专业、年龄段对培育目标的系数分别是 -0.030、-0.063 和 -0.021。模型 1—1 在模型 1—0 的基础上加入了自变量——培育内容，同样对学校、专业、年龄段这三个控制变量进行控制，以探讨培育内容对培育目标的影响。数据结果见表 6-4，培育内容对培育目标有显著正影响（$\beta = 0.688$，$P < 0.001$），加入自变量培育内容后，研究模型对培育目标总的解释率提高了36.3%，说明排除控制变量的影响后，培育内容对培育目标有显著正影响。当新时代大学生受到良好的生态价值观培育内容教育时，对应的培育目标也会提高，培育内容下面又细分为观念养成、情感认同与自觉践行。

表 6-4　培育内容对培育目标的回归结果

变量		培育目标	
		模型 1—0	模型 1—1
控制变量	学校	-0.030	-0.020
	专业	-0.063	-0.054
	年龄段	-0.021	0.039
自变量	培育内容		0.688***
模型	R^2	0.008	0.371
统计量	$\mathrm{adj}R^2$	0.002	0.366
	ΔR^2	0.008	0.363
	F	1.252	68.579***

注：*** 表示 $P < 0.001$。

[①] 裴艳丽：《大学生生态文明观教育研究》，武汉大学，2018 年，第 78 页。

第三，培育方法对培育目标有显著正影响。在检验培育方法对培育目标的影响关系时，可建立模型1-0，该模型仅对学校、专业、年龄段这三个控制变量进行回归分析，以分析人口学背景变量对培育方法的影响。研究结果见表6-5，学校、专业、年龄段对培育方法的系数分别是-0.030、-0.063、-0.021。模型1-1在模型1-0的基础上加入了自变量——培育方法，同样对学校、专业、年龄段这三个控制变量进行控制，以探讨培育方法对培育目标的影响。数据结果显示，培育方法对培育目标有显著正影响（$\beta = 0.343$，$P < 0.001$），加入自变量培育方法后，研究模型对培育目标总的解释率提高了34.3%，说明排除控制变量的影响后，培育方法对培育目标有显著正影响。当新时代大学生受到良好的生态价值观培育方法教育时，对应的培育目标也会提高，培育方法又可细分为理论与实践相结合、师资队伍建设、学生自主参与等部分。

表6-5 培育方法对培育目标的回归结果

变量		培育目标	
		模型1-0	模型1-1
控制变量	学校	-0.030	-0.021
	专业	-0.063	-0.061
	年龄段	-0.021	-0.008
自变量	培育方法		0.343**
模型	R^2	0.008	0.024
统计量	$\mathrm{adj}R^2$	0.002	0.015
	ΔR^2	0.008	0.016
	F	1.252	2.802*

注：*** 表示 $P < 0.001$。

第四，培育环境对培育目标有显著正影响。在检验培育环境对培育目标的影响时，可建立模型1-0，该模型仅对学校、专业、年龄段这三个控制变量进行回归分析，以分析人口学背景变量对培育环境的影响。研究结果见表6-6，学校、专业、年龄段对培育方法的系数分别是-0.030、-0.063、-0.021。模型1-1在模型1-0基础上加入了自变量——培育环境，同样对学校、专业、年龄段这三个控制变量进行控制，以探讨培育环境对培育目标的影响。数据结果显示，培育环境对培育目标有显著正影响（$\beta = 0.439$、$P < 0.001$），加入自变量培育环境后，研究模型对培育目标总的解释率提高了43.9%，说明排除控制变量的影响后，培育环境对培育目标有显著正影响。当

新时代大学生在良好的生态价值观培育环境中接受教育时，对应的培育目标也会提高，培育环境下面又细分为家庭基础、教育部门、社会文化。

表6-6 培育环境对培育目标的回归结果

变量		培育目标	
		模型1-0	模型1-1
控制变量	学校	−0.030	−0.027
	专业	−0.063	−0.036
	年龄段	−0.021	−0.014
自变量	培育环境		0.439***
模型	R^2	0.008	0.062
统计量	$\mathrm{adj}R^2$	0.002	0.054
	ΔR^2	0.008	0.054
	F	1.252	7.717***

注：*** 表示 $P<0.001$。

总之，数据收集与分析是为研究新时代大学生生态价值观培育体系构建而服务的，从数据进行因变量培育目标与自变量培育内容、培育方法、培育环境的回归分析得出，培育内容、培育方法以及培育环境分别对培育目标具有显著正影响，进一步说明了新时代大学生生态价值观培育体系构建的框架的逻辑依据，也为接下来分析新时代大学生的生态价值观培育过程中的具体问题与原因提供了切入点，更是为生态价值观培育体系的构建对策找到了有据可依的大致框架。

3. 影响大学生生态价值观培育的因素

第一，培育目标层次不明确。有小部分大学生对生态价值观认可程度不高，不能真正意识到道德品质、生态素养的部分，没有从一定高度去思考生态环境与人类唇齿相依的关系。当大学生结束生态价值观培育课程，其生态行为不受个人道德品质与个人涵养约束时，也不会被规章制度、社会法律所制约。"国家通过确立、有效实施高校生态文明教育制度，可以在更广泛的高校师生群体中传播环境法规，以此带动更多人形成环境法律信仰，以法治的思维和工作方式对抗生态环境治理领域中不良思想与违法违规行为，提高环境污染链条中各主体对环境法规的认知度和遵从度。"① 生态价值观培育教学工作离不开教育制度的确立，否则落实生态价值观培育教学工作就会面临来自社会各方的阻力。培育目标的实现需要培育内容、培育方法、培育环境的共同作用，要构建有效的生态价值观培育体系，必须明确培育目标层次，从培育内容、培育方法与培育环境中厘清思路。

第二，培育内容理论不清晰。学界关于生态价值观培育的研究较多，但是从研究中转化为生态价值观培育的教育资源较少。比如，马克思主义生态文明观、中国生态文明传统等都蕴含着丰富的生态价值观培育的教育资源。目前，对于上述研究都还停留在理论本身，并没有结合新时代大学生的特征，从教育学角度剖析生态价值观培育的目标、内容、方法等。培育内容的理论挖掘会影响培育目标的实现，只有在培育内容体现了培育目标在价值判断、道德情感以及行为模式这三个维度方面的要求时，生态价值观的培育内容才能推动培育目标的实现。

第三，培育方法不完善。生态文明建设离不开生态价值观培育，生态价值观培育工作的开展离不开制度层面的支持，"生态文明教育应该具有全局性的战略规划、全面性的教育内容、全民性的教育对象、整体性的实施策略，不能随意和短视，必须进行相应的制度建设，以保障和引领生态文明教育健康积极发展"②。目前，我国生态价值观培育的相关制度建设不够完善，并没有形成严格的制度体系。新时代大学生生态价值观的培育方法要注重结合思想政治教育的导向性、渗透性、综合性，再灵活运用在学生的日常生活实践中。

第四，培育环境合力不充分。好的环境能够潜移默化地影响一个人的发展，高校作为大学生接受教育的主要场所，要创造良好校园生态环境、教学环境。"做好高校思想政治工作，要因事而化、因时而进、因势而新。……要运用新媒体新技术使工作活起来，推动思想政治工作传统优势同信息技术高度融合，增强时代感和吸引力。"③ 当前，大学生的信息渠道较多，教师不能仅限于理论教学，还需要结合思想政治教育，强化生态价值观培育；校园管理制度方面，对于学生环境保护教育实践的具体规章制度没有硬性规定，大学生对于校园生态环境的保护仍然停留在自我道德约束层面。

---

① 刘志坚：《新时代高校生态文明教育的制度体系探析》，《广西社会科学》2019 年第 3 期，第 185 页。
② 张雪梅：《略论推进我国生态文明教育制度化》，《理论导刊》2015 年第 9 期，第 54 页。
③ 《把思想政治工作贯穿教育教学全过程　开创我国高等教育事业发展新局面》，《人民日报》，2016 年 12 月 9 日，第 1 版。

4. 大学生生态价值观培育路径

"生态教育是一种整体性的教育。"[1] 新时代大学生生态价值观培育体系构建要基于系统观的视角出发，结合新时代大学生生态价值观培育的现状分析、问题寻找、原因探析，以培养具有生态文明素养的大学生为宗旨，以建设美丽中国培育新时代高素质人才为目的，用生态文明教育内容的逻辑表征为指引，从培育目标、培育内容、培育方法、培育环境四个方面进行理论与实践的架构。在现状调查的基础上，调查团队通过对回收的有效问卷采用皮尔逊相关性分析法进行分析，发现因变量培育目标与各自变量培育内容、培育方法、培育环境均呈现显著相关关系。生态价值观培育各要素间相互作用、相互影响，不能脱离培育目标来谈生态价值观培育内容、培育方法、培育环境，也不能离开培育内容、培育方法和培育环境来谈生态价值观培育目标。新时代大学生生态价值观培育需要着眼整体进行系统化完善，进而提高生态价值观培育的实效性。

第一，明确新时代大学生生态价值观培育的目标。"生态价值观教育是对生态价值和生态价值观的文化启蒙，以期在人与自然这一人类社会最基本的关系上形成正确的知识认识和价值取舍，在合规律性与合目的性的统一中端正我们的人生追求和生活意义。"[2] 构建新时代大学生生态价值观培育体系，首先要找准目标、明确目的，将"培育具有生态文明素养的'生态人'"[3] 作为总体目标，从价值判断、道德情感、行为模式三个角度阐释生态价值观培育的具体目标。人与自然是生命共同体，人类社会可持续长久、稳定发展要求必须真正做到尊重自然、顺应自然、保护自然。新时代大学生要以树立正确的生态价值观作为出发点和落脚点，深刻学习并认识当前政策背景、社会背景，明确生态价值观培育构成部分中价值判断、道德情感、行为模式的内涵与意义。从政策背景角度出发，党的十九届五中全会上提出"促进经济社会发展全面绿色转型，建设人与自然和谐共生的现代化"[4]，凸显出绿色转型所涉及的范围和领域更广，这也对全社会生态价值观培育提出了更高的要求。形成绿色生活方式、践行绿色低碳行为是推动经济社会发展全面绿色转型的重要环节，新时代

---

[1]　黄平芳：《学校生态教育体系的构建路径》，《学校党建与思想教育》，2010年第21期，第69页。

[2]　杜明娥：《生态价值观教育的文化启蒙意蕴》，《海南大学学报》（人文社会科学版），2018年第1期，第91页。

[3]　裴艳丽：《大学生生态文明观教育研究》，武汉大学博士学位论文，2018年，第78页。

[4]　本书编写组：《〈中共中央关于制定国民经济和社会发展第十四个五年规划和二〇三五年远景目标的建议〉辅导读本》，人民出版社，2020年，第12页。

大学生作为国家未来的建设者，正处于接受教育的关键时期，必须依照新时代政策背景下的新要求完善自我、提升自我。

一是从价值判断的角度，正确认识人与自然的关系。生态价值判断，是指人类对生态环境中某物能否满足自身需要以及满足至何种程度的一种判断。人类如果要对生态环境做出价值判断，一般只会从对人类社会发展是否有用的角度进行思考，这属于生态主义认识论发展进程中的实用主义认识论。西方"深绿"思潮"把人类中心主义价值观看作是当代生态危机的根源，强调只有破除人类中心主义价值观，确立以'自然价值论'和'自然权利论'为主要内容的生态中心主义价值观，才能解决生态危机"①。然而，人与自然和谐共生观念下的生态价值判断应当破除唯有用论，人类既要认识到生态环境对于人类社会发展的重要性，又要将人类与自然界当作一个整体进行思考，理解人与自然之间密不可分的关系。因此，生态价值观培育目标中首先应明确大学生对生态环境的价值判断，使大学生在日常生活中以正确的生态环境价值判断指导个人实践。生态环境中自然并不是依附于人类而存在，人类并不是唯一的价值主体。马克思指出"动物只是按照它所属的那个种的尺度和需要来构造，而人却懂得按照任何一个种的尺度来进行生产，并且懂得处处都把固有的尺度运用于对象。因此，人也按照美的规律来构造"②。动物与人类一样是有生命的地球生物，对于动物而言，它们自身也是价值主体，具有一定的价值尺度，人类认为的自然价值对于其他自然界生物而言也同样存在。这启示我们在认识自然的同时还要敬畏自然，自然界不仅仅是人类生存与发展的基础，更是地球上其他生物的共同栖息地，人类活动不能破坏自然界的平衡关系，不能仅仅只考虑人类自身的利益，而要站在人与自然和谐共生的高度谋划发展。尤其是当人类利益与保护生态环境发生冲突时，不能因为短时期的、经济上的利益而忽视对生态环境的保护。人类对自然的破坏和过度开发是在毁坏人类的生存环境，进而危害人类自身。

二是从道德情感的角度，认同生态环境价值。生态道德情感是对于客观存在的生态道德关系、现存生态道德现象以及履行生态道德义务时所产生的心理意愿和善恶情感。只有从情感层面认可生态环境价值，生态价值观培育才能事半功倍。这里的情感层面又可分为审美层面、责任意识层面、内在涵养层面。

---

① 王雨辰，吴燕妮：《生态学马克思主义对生态价值观的重构》，《吉首大学学报》（社会科学版），2017年第2期，第13页。

② 马拥军：《世界历史性存在：马克思主义方法论及其当代意义》，人民出版社，2022年，第111页。

从审美层面进行阐述，当大学生自身感知到自然的美，真正认可自然的美，才能有效促进生态价值观培育。自然界中所谓"有用"的资源不仅能够给人类带来物质层面的价值，自然界的一草一木更能从精神层面给予人类美的享受。开展生态道德情感教育，就是要从生态美的认知培育入手，认识生态美育的重要性。从责任意识层面进行阐述，"人法地，地法天，天法道，道法自然"①。我国古代著名思想家老子早在两千多年前就提出敬畏自然、顺应自然的观点，这是传统文化中的生态智慧。然而到了近代，人与自然和谐相处的关系逐渐被打破，工业的发展加剧了生态环境的恶化。开展大学生生态责任意识培育，通过提升生态责任感，从道德情感层面感化、教育新时代大学生，使大学生群体在高校学习阶段就养成良好的生态责任感，进而在步入社会后遵循自然规律、道德操守，在各行各业中践行生态价值观。从内在涵养层面进行阐述，马克思早就提出只有处理好人与人之间的社会关系，才能推动人与自然的和谐发展。"通过异化劳动，人不仅生产出他对作为异己的、敌对的力量的生产对象和生产行为的关系，而且还生产出他人对他的生产和他的产品的关系，以及他对这些他人的关系。"② 新时代大学生应该学会找寻自身价值，认清自己的定位，在这一前提下开展教育活动、社会活动才是有意义的，提升自己的审美能力，学会认识生态美，用生态美的内涵与外延塑造个人精神世界，努力以生态人的标准提高个人修养。

三是从行为方式的角度，践行绿色生活方式。生态价值行为方式是指在生态价值观培育目的要求下能够践行绿色低碳生活方式的社会实践行为。英国工业革命以来，资本家为了追逐利益最大化，不断尝试如何以最低成本获得更多利润，在投入更多劳动力与加大现有自然资本投入量之间，往往会选择后者，因为不需要支付多出来的人力劳动成本。"瀑布是自然存在的，它和把水变成蒸汽的煤不同。煤本身是劳动的产品，所以具有价值，必须用一个等价物来支付，需要一定的费用。瀑布却是一种自然的生产要素，它的产生不需要任何劳动。"③ 资本家以破坏自然生态资源为代价获取经济利益，无止境地向自然索取资源。这种对自然的破坏客观上推动了社会经济的发展，但一定程度上也导致对自然的过度掠夺，最终会引起自然的反噬。尽管目前人类对于已存在的生态环境破坏进行了修复和弥补，但是始终无法将生态环境恢复到最初的状态，

---

① 王弼注，楼宇烈校释：《老子道德经注》，中华书局，2011年，第66页。
② 唐晓峰：《马克思恩格斯列宁论宗教》，人民出版社，2010年，第127页。
③ 马克思：《资本论》（节选本），人民出版社，2016年，第562页。

并且科技对于生态环境的恶化只能起到暂缓作用。"先破坏再治理"是一种不可取的观点，更不值得提倡。从生态系统的整体出发，经济发展与生态环境保护之间并非是不可协调的，我们需要以辩证的观点进行分析。人类社会发展方式的变革是时代大势所趋，离不开正确的生态价值观的树立与践行。新时代大学生正处于价值观念塑造的关键时期，更需要在不断践行生态价值观中实现生态行为养成。

第二，丰富新时代大学生生态价值观培育的内容。生态价值观培育内容要围绕价值判断、道德情感和行为模式进行架构，以马克思生态文明观、中国古代生态智慧和习近平生态文明思想为指导，系统全面、深入浅出地对"人与自然和谐共生"的价值旨归进行阐释："生态文明教育是解决生态问题的重要力量，也是建设生态文明的基础。中国特色社会主义进入了一个新时代，社会主要矛盾发生了变化，对美好生活环境的需要已成为人们的共同需要和发展的目标。生态文明教育的内涵不应局限于单纯的生态环境领域而一味强调'人与自然和谐共处'，还应指向人际环境并凸显'人际和谐'。"① 在这一逻辑思路指导下，生态价值观培育内容应具有观念养成、情感认同、自觉践行等方面的内容。

一是注重观念养成，理解生态价值观内涵。作为众多价值观中的一种，生态价值观的核心也在于丰富人的精神世界、健全人的品格。因此，为实现生态价值观培育的目标并能够对生态价值观进行价值判断，应确定生态价值观的观念养成内容范围，让受教群体明白生态价值观到底是要培养什么样的观念，才能推动新时代大学生从情感上认可生态价值观。"生态文明建设""建设美丽中国""绿色发展理念"等诸多议题在十八大报告中被首次提出；"生态价值观教育"于 2015 年 10 月在我国十三五规划中首次被提到。党的十八大以来，倡导绿色发展日益受到人们的关注，生态环境教育也随之被提到了重要的高度。

二是注重情感认同，明确生态价值观意义。正确的生态价值观要深入人心，得到新时代大学生的情感认同，为践行绿色低碳生活方式提供精神层面的强大信念支撑。"价值观教育是育人过程，价值观本身亦具有育人性质，道德情感和道德价值观的形成过程即人的成长过程，价值观的育人功能在其中得以实现。"② 在生态价值观培育过程中，大学生难免会提出"为什么要接受生态

---

① 王晓燕：《新时代生态文明教育的逻辑与进路》，《思想理论教育导刊》，2020 年第 9 期，第 122 页。

② 王平：《价值观育人的情感教育阐论》，《教育研究》，2020 年第 10 期，第 33 页。

价值观培育""这种价值观对我们是否有用""对我们具有什么好处"等疑惑，所以，在生态价值观培育内容的选择上要注重情感认同方面的引导，以帮助新时代大学生思考"为什么接受生态价值观培育""如何深入学习具体内涵"。

新时代大学生接收讯息与知识的方式多样、途径丰富，在没有强烈的情感认同情况下，大学生很容易被错误解读的讯息"带偏"，并且产生认知偏差，错误地指导大学生的社会实践活动。现阶段我国的经济发展迅速，信息技术发展迅猛，与此同时衍生了各式各样的网络文化。有别于传统媒介时代，网络媒介的快速发展，新时代大学生群体对于某一事物的了解与认知呈现出新特点，由此也影响着大学生生态价值观塑造的过程。"'后真相'是客观事实被人的价值立场和主观情感干扰的情景，它以一种隐匿的、复合的方式生成着人们的经验与感知，形塑着当代人的价值观念，使人们价值观念的生成呈现出新的特点。"[①] 在培育大学生生态价值观时应针对这一情况调整培育内容，从培育大学生价值自觉的角度入手，使大学生主动探索与学习生态价值观相关讯息和知识。一方面，引导大学生正确理解生态价值观，提升大学生的信息理解能力，使大学生以理性的态度辨别信息虚实，不可盲目跟风或思想懈怠；另一方面，在各种纷杂的信息渠道中，培养大学生的生态价值观见解能力，带领大学生走在"真相"前方，明确塑造生态价值观时守住"真""善""美"的底线，教会大学生学会甄别观念的正确与否，传播符合社会主义核心价值观的正能量。

三是注重自觉践行，参与生态价值观实践。生态价值观培育内容不能仅仅停留在理论学习层面，高校还应将理论与实践相结合，增加生态价值观培育实践教学环节。教师应以贴近大学生日常生活的形式设定具体教学内容，自觉践行教学环节包含法律遵守、绿色消费、绿色科技三个方面的内容。

从法律遵守方面，《民法总则》第9条将"绿色原则"确立为民法基本原则，形成对自然环境恶化趋势之时代特征的私法回应[②]，第9条具体描述为"民事主体从事民事活动，应当有利于节约资源、保护生态环境"，从教育学的角度，它将直接或间接影响大学生的生态价值观培育工作。大学阶段是青年步入社会前的黄金学习期，小学、初中及高中更多的是学习理论知识，而大学学习更加注重实践性，需要提前了解社会动态、政策方针。大学生通过接受生态价值观培育，能够在以后的职业生涯中明白"绿色原则"是什么，告诫自己要

---

① 邵芳强，吴云志：《"后真相"时代价值观教育的隐忧与改进》，《思想教育研究》，2020年第8期，第55页。

② 单平基：《"绿色原则"对〈民法典〉"物权编"的辐射效应》，《苏州大学学报》（哲学社会科学版），2018年第6期，第85页。

节约资源、保护环境，否则将受到法律的惩戒。

从绿色消费方面，教师应引导大学生学习马克思主义知识，思考并分析马克思主义生态文明观的深刻内涵，将劳动的异化、人的异化与消费之间的关系梳理清楚，能够认识到由于劳动的异化、人的异化，人不断地从消费中宣泄自己的欲望。"在生态学马克思主义理论家看来，由于消费主义价值观所鼓励的'消费'是与人的真实需要无关，而是一种被资本主义生产体系所制造和控制的'消费'，因此它在本质上是一种'异化消费'。"① 在这样的错误的消费观引导下，人的欲望也愈加难以满足，并不会以自身是否真的需要作为消费的理由，逐渐形成相互攀比、盲目消费的不良风气。新时代大学生接触信息的途径多、渠道广，在内容丰富的网络世界中面临的诱惑多，部分大学生还存在提前消费、过度消费的情况。针对这些新的情况、新的问题，教师要从大学生平时的消费习惯中进行引导和纠正，让学生树立绿色消费观，选择环境友好型商品，从生活点滴践行生态价值观。

从绿色科技方面，在生态价值观培育内容的设置上注重阐明生态环境保护与绿色科技之间的关联，"自然生产力的实现必须依靠社会生产力的正确发挥，就像利用水的动力需要水车，利用蒸汽的压力需要蒸汽机，实现自然的生产力就需要人的劳动和创造。在这个过程中，社会生产力的发挥方式和程度至关重要，关系着自然生产力的实现情况和转化方向，关系着人与自然之间的物质变换，关系总的生产力的解放和发展"② 。自然资源本身是具有价值的，是生态系统中的自然资本，属于一种自然生产力。人类在利用自然资源的同时要注意转换方式，如果过度开采自然资源或者开采方式不当，最后人类将自食其果，遭到自然的报复；另外，在生态价值观培育的内容设置方面应结合绿色科技改善生态环境的实际案例教学，将绿色科技改善生态环境的理论与社会实践活动相结合，在大学生的实际生活与工作中发挥出行动指南作用。

第三，创新新时代大学生生态价值观培育的方法。创新生态价值观培育的方法，是为了推动实现新时代大学生树立正确的生态价值观的目标，并以此指导其社会实践，在实际生活中积极践行、宣传绿色低碳的生活方式，是实现这一目标的有力抓手。"生态文明观教育是一种富有强烈意识情感性的教育，必然要求高校采取多样化、综合的教育形式与方法，提高学生的接受兴趣和参与

---

① 王雨辰：《论生态学马克思主义的生态价值观》，《北京大学学报》（哲学社会科学版），2009 年第 5 期第 27 页。

② 张乾元，赵阳：《论习近平以人民为中心的生态文明思想》，《新疆师范大学学报》（哲学社会科学版），2019 年第 1 期，第 26 页。

意识。"① 生态价值观培育工作需要创新，特别是对于新时代大学生群体而言，这一群体的成长环境、教育环境都具有鲜明的时代特征，他们个性鲜明、想法新颖，这就对生态价值观培育工作提出了更高的要求。做好新时代大学生生态价值观培育，要从理论教学与实践体验相结合、师资队伍生态素养的提升与生态教育的渗透、生态校园建设与学生自主参与这三个方面进行方式与方法上的创新。

一是注重理论教学与实践体验相结合。目前我国高校的生态价值观培育有了一定的成效，但是生态价值观培育本身是极具情感的一门课程，需要学生在认同生态价值观理论知识的情感前提下进行实践教学活动。积极构建校内校外生态价值观培育实践教学体系，创造新时代大学生生态价值观培育的条件，营造良好的实践环境；建立实践教学的有效机制，从而保障生态价值观培育实践教学能切实有效开展，形成多部门协调配合的长效工作机制，注重在大学生生态价值观培育实践中不断转变课程观念，主动探索、创新培育路径。完善"马克思主义基本原理概论""毛泽东思想和中国特色社会主义理论体系概论""中国近现代史纲要""思想道德修养与法律基础""形势与政策"五门课程中的生态文明教育资源，做到既前后呼应又各有创新，将生态价值观培育融入思政课实践教学，把思想政治理论课当作生态价值观培育的主要渠道与重要阵地，凸显新时代大学生生态价值观培育在思想政治理论课实践教学中的重要性与必要性。生态价值观本身是内在于社会主义核心价值观体系中的，而不是可有可无的辅助性价值观。② 生态价值观在社会主义核心价值观范围之中，生态价值观与社会主义核心价值观属于特殊性与普遍性的关系。"当我们把社会主义核心价值观落实在人与自然之间的实践行为之中的时候，就要把社会主义核心价值观这一最高层次的抽象价值观转变为具体的生态行为领域中的'生态价值观'。正是在这个意义上，我们认为，生态价值观不是社会主义核心价值观的辅助性价值观，而是社会主义核心价值观在生态行为或生态文明建设实践中的具体转化的结果。"③ 要在社会主义核心价值观的学习与践行中贯穿生态价值观培育，必须以厘清二者之间的辩证关系为前提条件，进而指引新时代大学生践行生态价值观。

二是加强师资队伍提升。教育活动是双向选择、相互促进的一个过程，需

---

① 裴艳丽：《大学生生态文明观教育研究》，武汉大学，2018年，第114页。

② 刘昌松：《绿色发展理念中的生态价值观要义》，《长白学刊》，2017年第2期，第40页。

③ 顾倩，廖成中：《用社会主义荣辱观引领90后大学生的思想教育》，《中国成人教育》，2013年第8期，第47页。

要受教者和施教者共同参与。生态价值观培育方法体系的构建属于思想政治教育范畴，需要遵循思想政治教育的内涵、路径与旨归。"思想政治教育作为一种特殊治理活动，主要是通过理论灌输、榜样示范、社会实践、自我教育等多种方式，使符合统治阶级利益与意志的要求在社会成员中得到普遍认同和共同遵守，注重通过提升社会成员的思想素质和道德品质来规范行为，从而维系社会成员共同生存发展的公共秩序。"① 从多角度探索新时代大学生生态价值观培育的方法，除了需要在方向上遵循理论与实践相结合的理念，高校还需要从组织管理维度与教学管理维度思考如何组建专业化、制度化的生态价值观培育师资队伍，进而提升师资队伍的生态素养，达到生态教育的渗透式教学的效果。"高校生态文明教育是一个由诸要素组成的系统，涉及的主体和领域极为广泛，需有一个强有力的组织管理制度加以统筹运转，统一组织实施。"② 如在高校组织管理中，要从管理细则上明确生态价值观培育工作的教学目标、教学任务、教学工作量，并在教师的工作绩效考核中体现出一定占比。生态价值观培育过程中与学生接触最多的是负责教学工作的教师，从高校教学管理维度探讨生态价值观培育要凸显一线教师的重要性。特别要注重的是，高校生态价值观培育课程主要由高校思政课教师完成，然而，部分思政课教师对于生态价值观培育方面研究不深入，教师之间的教育教学背景差异较大，特别是在生态文明建设方面的研究进展各不相同，这就要求高校要加强师资的培训。

三是加强生态校园建设，鼓励学生自主参与。对于人与环境之间的关系，马克思和恩格斯提出，"人创造环境，同样，环境也创造人"③。对于人的发展，人自身作为内因，对个人的发展起着主体作用；环境是外因，对个人的发展起着次要作用，但是环境能在一定程度上影响个人发展。因此，新时代大学生生态价值观培育要从校园生态文化塑造入手，"在校园生态文化氛围塑造方面主要分为物质生态文化氛围营造和精神生态文化氛围营造两个方面"④。大学生生态价值观培育离不开校园生态环境建设与校园生态文化塑造，二者共同发挥生态文明教育功能，进而使大学生生态价值观培育起到更好效果。

第四，完善新时代大学生生态价值观培育的环境支撑。推动新时代大学生

---

① 王学俭，冯瑞芝：《"中国之治"视域下思想政治教育的功能探析》，《思想教育研究》，2020 年第 10 期，第 31 页。

② 刘志坚：《新时代高校生态文明教育的制度体系探析》，《广西社会科学》，2019 年第 3 期，第 185 页。

③ 《马克思恩格斯选集》（第一卷），人民出版社，1972 年，第 43 页。

④ 王学俭，魏泳安：《思想政治教育生态培育刍议》，《社会科学家》，2015 年第 2 期，第 114 页。

生态价值观培育目标的实现，还需要有与之相匹配的家庭氛围、国家政策、社会环境作为支撑。在大学生生态价值观培育过程中，大学生群体是主体，高校在大学生生态价值观培育过程中固然具有十分重要的作用，但是，家庭氛围、国家政策、社会环境对于大学生生态价值观培育的作用同样不可忽视。

一是夯实家庭生态价值观教育基础。大学生生态价值观培育环境主要根据学生所处的场所和时间而各不相同，主要受到校园、家庭、社会的环境影响。其中，由于有专门的教育制度和教育管理体系约束，校园环境育人具有稳定性的特点。相比之下，家庭环境育人的稳定性次之，社会环境育人的稳定性较差。然而，大学生在整个成长经历中，受家庭的影响是最大的，因此，如何筑牢家庭生态价值观培育还需要进一步思考与探究。

"家庭是社会的细胞，是人赖以生存与发展的基本连接纽带和社会基本单元。"① 英国的纪录片《人生七年》记录了在不同成长环境的十四个孩子，并且每隔七年再次进行采访，这些受访的孩子分别成长于孤儿院、律师家庭、教师家庭等，不同的家庭环境带给他们不同的学习环境和成长环境，他们形成了不同的眼界和思维方式。同理，新时代大学生生态价值观培育需要高校与家庭教育的共同努力、相互配合，一个具有良好的生态素养的家庭环境在一定程度上会助力大学生在校的生态价值观培育。一方面，家庭中的父母和长辈要提升自身的生态素养。家庭中的父母和长辈要积极从书本、电视、网络媒体中学习生态文明建设相关理论知识，挖掘中国古代生态智慧，逐渐形成良好的生态文明家风，落实到日常生活的细节中，则是主动选择环境友好型家电、日用品。另一方面，有意识地培养孩子生态意识。大学生在成长过程中，家庭教育相对学校教育而言约束力较弱，如果家长不加以引导和管教，则容易让学生误以为自身生态行为只需要在学校多注意即可，离开学校则不必在意。因此，在家庭生活中一定要立好规矩，比如，告知孩子外出购物时应自带布口袋，尽量不使用塑料口袋；让孩子参与家庭劳动，教会孩子垃圾如何分类归置，对于可再次利用的垃圾要有意识地收纳整理。

二是加大对生态价值观培育政策的支持力度。目前我国在生态价值观培育方面取得了一定的成效，但是对比一些环境教育起步较早的国家，仍存在着一定的差距。为了缩小与先进国家的差距，除了在培育模式上创新外，还需要教育部门在原有的基础上加大政策的支持力度。例如，在专项经费的使用上，各

---

① 崔成前：《面向大学生的三位一体"以文化人"育人环境探究》，《思想理论教育导刊》，2018年第 4 期，第 155 页。

地区教育部门应该按照不同地区、不同类型的高校分别制定生态价值观培育实践活动的经费预算，最大限度地支持大学生的生态价值观实践活动；在教师培训上，教育部门要制定生态价值观培育教师的专项计划，在政策中体现出对教师的鼓励与支持，使教师群体乐于参与生态价值观培育工作的培训活动，并将此纳入年度教师绩效考核、评奖评优范围。

三是营造生态价值观社会文化环境。新时代大学生生态价值观培育要以目的为导向，培育自觉保护环境的时代新人，推动美丽中国建设进程。"任何制度化的活动势必体现出一定的社会效益，否则就失去了其合理性和有用性。高校生态文明教育制度的价值追求不仅体现在高校生态文明教育本身，而且体现在环境治理的效益之上。"[①] 生态价值观社会文化的营造既是生态价值观培育的目的，也是生态价值观培育的强大保障，生态价值观培育离不开良好的社会文化环境。

第四节 构建科学合理的评价体系

循环经济理论的本质是生态经济理论。生态经济、循环经济理论的产生和发展，是人类对人与自然关系深刻认识和反思的结果，也是人类在社会经济高速发展中陷入资源危机、环境危机、生存危机，深刻反省自身发展模式的产物。循环经济要求遵循生态规律和经济规律，合理利用自然资源并优化环境，在物质不断循环利用的基础上发展经济。循环经济既是一种新的经济增长方式和污染治理模式，同时也是经济发展、资源节约与环境保护的一体化战略。基于循环经济理论，构建科学合理的评价体系对规范、引导大学生态文化发展起着十分重要的作用。

一、确定大学生态文化发展评价原则

（一）评价体系的科学性与实用性

建立基于循环经济理论的大学生态文化发展评价体系，应从科学的角度系

---

① 刘志坚：《新时代高校生态文明教育的制度体系探析》，《广西社会科学》，2019 年第 3 期，第 185 页。

统且准确地理解和把握循环经济理论下大学生态文化建设的实质。评价体系要严谨、合理且具有针对性，数据来源要准确，处理方法要科学，具体指标要能够反映出基于循环经济理论的大学生态文化建设主要目标的实现程度。指标体系覆盖面要广，能客观综合地反映学校教育、科研、资源消耗与利用、生态环境等方面的情况，同时指标体系中的指标必须目的明确、定义准确。

（二）评价内容的系统性与层次性

基于循环经济理论所设计的大学生态文化发展评价体系，必须能够全面地反映大学生态文化建设的各个方面，体现层次高、涵盖广、系统性强的特点。评价体系设计是一个复杂的系统，它包括若干个子系统，应在不同层次上采用不同的指标，让学校决策者能够在不同层次上对大学生态文化发展进行调控，对资源进行有效的配置，对环境进行最大的优化。

（三）评价过程的动态性与稳定性

大学生态文化发展评价体系的指标内容在一定时期内应保持相对稳定，这样可以比较和分析大学生态文化建设的过程并预测其发展趋势。大学生态文化建设是一个持续渐进的过程，所以设计指标体系时应充分考虑系统的动态变化，能综合地反映发展过程和发展趋势，便于进行预测与管理。根据指标体系进行大学生态文化发展评价，其目的在于实现学校教育、科研、社会服务等职能的充分发挥与资源、环境之间的协调发展，因此要求指标之间具有一定的内在联系。

（四）评价方法的定性与定量相结合

大学生态文化发展评价不同于一般的经济现象的评价，其缺少可直接计算指标数值的定量指标，需要在对评价指标进行具体、简明的描述和概括的基础上，运用一定的量化手段进行分析，实现定性与定量评价相结合。

（五）评价方式的"减量化、再利用、再循环"

大学生态文化发展涉及教学、科研、管理、社会服务、校园建设等方面，在根据指标体系开展评价时，其评价方式要遵循"减量化、再利用、再循环"的原则。一要从学校实际出发，在办学过程中使用有利于保护自然环境、对生态环境损害最少的绿色技术，使经济效益和社会效益得到有机统一；二要考虑周期成本，选择投入周期成本最少的教学技术，尽量减少教学活动对教育资源的浪费；三要将教学对环境的污染降到最低；四要重视不断探索最优的教学和管理模式，开发先进的生态文明教育管理手段、教学技术和教学模式，降低教学成本。

二、大学生态文化发展评价方案框架分析

所谓评价方案，就是通过一定的指标来反映和衡量人物或事物的价值。一个科学、有效的评价方案对事物的发展无疑将起巨大的促进作用，评价方案本身是制度建设的内容和组成部分，同时也是事物发展的中介。因此，要加强大学生态文化建设，就需要制定一个科学、有效的评价方案。《全国环境宣传教育行动纲要（1996—2010年）》中提出，到2000年，在全国逐步开展创建"绿色学校"活动。1998年，清华大学首次在国内提出创建"绿色大学"，这标志着我国拉开了建设"绿色大学"的帷幕。2006年1月26日，教育部发出《关于建设节约型学校的通知》。2008年，住房和城乡建设部、教育部联合颁布了《高等学校节约型校园指标体系及考核评价办法》，并附有《高等学校校园建筑节能监管系统建设技术导则》《高等学校校园建筑节能监管系统运行管理技术导则》《高等学校校园建筑能耗统计审计公示办法》《高等学校校园设施节能运行管理办法》等附件，提供给相关单位参考执行。2010年，中国绿色建筑与节能专业委员会（以下简称中国绿建委）绿色校园学组成立，开展绿色校园为专题的可持续校园建设的研究、实践和教育工作，为我国绿色校园研究注入了一剂强心剂。2013年3月，由中国城市科学研究会绿色建筑与节能专业委员会发布了《绿色校园评价标准》（CSUS/GBC04—2013），将其作为我国开展绿色校园评价工作的技术依据。参照绿色校园的评价指标，大学生态文化建设发展的评价可从以下两方面展开。

（一）建立评价体系，完善评价内容

根据大学生态文化发展评价体系原则，要建立基于循环经济理论下的大学生态文化发展评价指标体系，在评价内容上应包括以下方面：

1. 可持续发展教育理念评价

开展可持续发展教育，旨在通过平衡与综合的方法来协调当代人与后代人的利益冲突，满足人们对可持续发展的经济、社会和环境各方面的需要。人类的许多不文明行为，根源于"智慧的贫乏"，诸如无视环境挑战、透支资源开发甚至"掠夺性"地耗尽后代人对各种资源的使用权利，结果造成经济社会发

展的不平衡、不和谐。这种发展是以过度的开发为前提的。长期以来，人类忽视了种种"关系问题"，如人与气候的关系、人与地球环境的关系、人与显在或潜在的世界财富的关系等。联合国教科文组织意识到这些问题，郑重提出可持续发展教育的建议。对于大学教育来说，应将可持续发展教育纳入教育教学系统，培养富有远见、敢于担当、有责任意识、具有良好生态素养的一代新人。

（1）学校办学指导思想。学校应以可持续发展为指导，在发展规划中体现出可持续发展的理念。

（2）学校重视。首先，学校领导应具有环境意识和生态价值观念；其次，能认识到生态价值观是现代社会高素质人才的必备素质；最后，把培养和提高大学生的生态素养作为育人目标。

（3）师生具备生态价值观。学校教育要唤醒师生关于绿色发展的自觉意识和责任意识，要努力促进环境的完整、经济的增长和社会的公正，使师生具备良好的生态价值观，努力造福子孙后代。而且，这种自觉意识和责任意识越是得到普及与弘扬，对整个人类的可持续发展越会产生积极且深远的影响。

（4）教学过程中贯穿绿色发展理念。绿色发展教育是全方位的变革式教育，不仅在课程中需要融入气候变化、生态环境、减贫和可持续消费等问题，还应教导学生遵守《公民生态环境行为规范十条》的相关内容，见附录6。

2. 生态文明教育的实施情况评价

生态文明教育是大学生态文化建设发展的主渠道和主阵地，实施生态文明教育的目的是培养大学生的生态素养。评价大学生态文明教育的状况可从以下方面展开。

（1）环境类专业教育应从学科专业建设的角度予以评价。环境类专业教育是专业知识与专业技能教育，培养的是从事保护环境、解决环境问题的专业技术人才，要求学生掌握相关的环境专业知识和技能，并能运用所学知识分析和解决实际环境问题。环境类专业教育具有相对完善的教学体系，包括理论基础课、技术基础课、专业基础课、专业课和工程实践环节等，其中"环境保护概论"作为专业基础课之一，普遍作为环境专业教育的入门课程来开设，教学要求是树立学生环境保护、可持续发展的观念，建立绿色思维方式和行为准则，熟悉环境问题的发生、发展和管理、控制的技术手段及途径，为专业学习奠定基础。

（2）一般意义上的生态文明教育主要参考以下因素：课程设置，学校设有可供学生选择的生态文明教育的必修课和选修课。课堂渗透，在专业课和专业基础课中积极挖掘各专业中的生态文明教育资源，在教学大纲规定的知识、技能、价值观等培养目标中渗透可持续发展的内容，在课堂教学中有效、正确地渗透生态文明教育的内容。思想政治理论课从教学大纲到教学基本要求，从授课计划到实施方案都应有生态文明教育的内容，把生态文明教育作为德育教育的重要内容之一。学校有计划地开展有关生态文明教育的专题教育活动，学校应指导相关环境保护学生社团广泛开展生态文明教育的宣传活动，组织校内外专家开办环境方面的专题讲座，每学年有师生环境意识的问卷调查及建议报告，校园文化建设中有对生态文化的专题研究和每学期具体实施措施。学校有针对生态文明教育的师资队伍建设计划，从事生态文明教育教师的学历、职称、年龄结构较合理，有专门的针对全校所有教师的环境教育培训计划。

3. 学校科研的绿色评价

在大学生态文化发展中推进科研的绿色评价，就是引导学校师生将环境保护和可持续发展、绿色发展的思想贯穿到科技工作的各个方面，在科技发展的过程中注重经济效益、生态效益与社会效益的统一。

学校科研的绿色评价主要指绿色科技的评价，应包括以下内容。

（1）科技立项。在项目立项过程中，应将是否造成环境污染作为项目申报和立项的前提条件；对环境污染治理和环境质量改善的项目及与环境软科学研究相关的项目给予一定的立项支持。

（2）科学研究。项目在研究过程中对环境造成的影响；项目本身是否为清洁生产的绿色产品和技术；对环境效益差的研究项目做出环境价值判断。

（3）成果应用及推广。环境软科学研究可给领导决策提供有价值的依据；积极推广环境、经济、社会效益好的科技成果；在科技成果的评选、鉴定等方面将环境影响作为其中一个重要指标；支持并积极发展环保产业。

4. 环境实践评价

积极开展环境实践活动，是大学生态文化建设发展的重要渠道，通过实践活动，将生态价值观内化为学生的环境保护自觉。环境实践评价主要参考以下指标。

（1）有环境实践规划和具体要求。学生在校期间有参加环境实践的记录和评价；学校为参与环境实践的学生提供相应的支持。

（2）定期或不定期开展面向社会的环境调查、环境宣传、环境培训等。

（3）组织学生参加"环保世纪行"等有意义的环境实践活动。

5. 大学校园建设评价

大学校园是大学生日常生活和学习的主要场所，通过建设一个结构合理、生态化的大学校园，让大学生在其中感受人与自然的和谐，在接受良好的教育的同时接受环境的熏陶，从而使大学校园起到教育和示范的双重功效，因此，"生态化"是大学校园建设评价的重要因素。

（1）校园建设的"外在美"。校园建设规划科学、布局合理，主要体现在校园中的绿化率等方面。

（2）校园建设的"内在美"。大学对自身所产生的废弃物，如生活污水、实验室废弃物等进行有效的处理；教育大学生养成良好的环境行为习惯，不乱吐、乱扔、乱倒、乱写、乱画等。

（二）确定有效的评价方法

对大学生态文化建设的评价，一要考虑其特殊性，它是渐进的过程；二要考虑大学自身的状况，不能千篇一律。因此，在评价方法上，可采用他评与自评相结合，以自评为主的评价方法。

他评主要由教育行政主管部门、环保部门、文化部门等组织专家组对大学生态文化建设进行评估。一般3~5年进行一次，他评应该体现出导向性、指导性原则。

自评是大学参照大学生态文化发展的评价指标开展的自我评价，这也是大学生态文化建设发展评价的主要方法。通过自评，将大学生态文化建设变成大学的主动要求，自评要体现主动性原则，进一步推动大学生态文化的快速发展。

第七章 创新：大学生态文化发展展望

大学生态文化发展应落实内容、方法、评价、保障四个方面的工作，还需要立足新时代、新情况、新问题去创新大学生态文化发展路径。特别是在营造大学生态文化发展环境、确立大学生态文化的发展理念、挖掘大学生态文化发展资源，以及高效智能"绿色嵌入"四个方面去创新发展，进而为祖国的未来培养具有生态文化素养的创新型人才，"全方位、全地域、全过程加强生态环境保护，生态文明制度体系更加健全，污染防治攻坚向纵深推进，绿色、循环、低碳发展迈出坚实步伐，生态环境保护发生历史性、转折性、全局性变化，我们的祖国天更蓝、山更绿、水更清。"[①] 推动我国绿色发展，实现人与自然和谐共生。

第一节 营造大学生态文化的发展环境

大学生态文化的发展离不开一定的社会文化背景，经济的发展、社会的进步无不影响着大学生态文化发展环境。"步入新时代，经济与文化的发展对生态价值观提出了新要求，昔日追求经济发展忽视生态效益的做法将不再适应社会生态环境现状，面对生态环境恶化，必须扭转社会生态价值观，践行正确的生态环保行为。"[②] 大学生态文化建设离不开社会的发展，社会的发展首先是物质生产的发展，物质生产是任何社会、任何文化生存和发展的基础。这里的社会氛围主要指的是基于物质生产而形成的人与自然观念和社会经济发展理念的社会文化背景。

---

① 本书编写组：《党的二十大报告辅导读本》，人民出版社，2022 年，第 10 页。
② 陈晓燕、黄靖：《文化自信视域下大学生生态价值观培育的源起、内涵与进路》，《文教资料》，2021 年第 4 期，第 32 页。

一、科学地认识人与自然的关系

人与自然是相互联系、相互依存、相互渗透的。马克思说:"人作为自然存在物,而且作为有生命的自然存在物,一方面人有自然力、生命力、是能动的自然存在物;这些力量作为天赋和才能,作为欲望存在于人身上;另一方面,人作为自然的、肉体的、感性的、对象性的存在物,和动植物一样,是受动的、受制约的和受限制的存在物,也就是说,他人欲望的对象是作为依赖于他的对象而存在于他之外的。"① 这里,马克思已经清晰地阐明了人对自然的能动性和受动性关系,这是正确认识和处理人与自然关系的理论基础。

在原始社会,由于人类获取自然资源使用的是最简单的工具,人们从事物质生产的手段和方式受生产力发展水平的限制,主要是依靠群体的力量而获得生存。这一时期,人在自然面前的力量是微小的,人的活动天然的受限更多一些,从早期的人类图腾崇拜可以很清晰地看到这一点。在农业社会,随着新的劳动工具不断被发明和创造,物质生产的手段和方式也在不断发展,人对自然的能动性大大增强,人类的主体意识开始增强。这一时期,人类虽然对自然环境造成了部分破坏,但全球性环境问题尚不明显。到工业社会,工业革命带来了科学和技术的突飞猛进,科技的发展极大地促进了物质生产,大量的物质财富被创造出来。在这一时期,人类逐渐认为自己是自然的主人,为了人类的主体需求,可以不顾自然的一切,人的能动性被片面夸大,对自然客体价值的认识被忽视。人类用物质生产这只"看得见的手"向自然不断地索取,而自然发展这只"看不见的手"在征服、奴役自然的口号和行动中一度被忽视。正是在这"两只手"不平衡发展中,"人类中心主义"诞生了,现代"人类中心主义"的核心是强调人是一切,离开了人,任何客观事物都失去了意义。"人类中心主义"是一种以人为宇宙中心的观点,它把人看成是自然界唯一具有内在价值的存在物,必然地构成一切价值的尺度,自然及其存在物不具有内在价值而只具有工具价值。② 我们应从以下三方面科学地认识人与自然的关系。

---

① 马克思:《1844年经济学哲学手稿》,中共中央马克思恩格斯列宁斯大林著作编译局译,人民出版社,2000年,第105页。

② 雷毅:《生态伦理学》,陕西人民教育出版社,2002年,第58页。

（一）人与自然关系在某种意义上表现为人与人的关系，必须实现对自然的改造和社会的改造的有机统一

马克思、恩格斯生态自然观认为人类遵循人和自然和谐发展的客观规律，其核心是人与自然和谐共生、良性循环。恩格斯认为，人类必须清醒地认识到人和自然界的一体性，要坚决地摒弃"那种把精神和物质、人类和自然、灵魂和肉体对立起来的荒谬的、反自然的观点"。这一观点表明了人类和自然是具有同一性的，是内在的、一体的，人类要正确处理和自然之间的关系，正确运用自然规律。正如马克思、恩格斯从社会和自然两个视角考察人类文明历史进程时指出，我们统治自然界，决不像征服者统治异民族一样，决不像站在自然界以外的人一样，相反地，我们连同我们的肉、血和头脑都是属于自然界，存在于自然界的；我们对自然界的整个统治，是在于我们比其他一切动物强，能够认识和正确运用自然规律。要认识到人对自然的作用是通过物质生产实践来完成的，而物质生产实践又是由人来决定和完成的，而人是社会中的人，生活在每一个社会经济关系中，生活在社会经济关系中的人因其生存和发展，必然受到利益因素的影响，也就是说，物质生产实践的内容和方式要受人与人之间利益关系的影响。因此，人与自然的关系，在某种意义上是人与人的利益关系，比如战争对环境的破坏，无论过去、现在乃至将来都是无可置疑的，但战争的根源要归结为利益问题。解决人与自然的矛盾和对立首先应解决社会利益集团之间的利益问题、人与人之间的利益问题。

（二）人对自然是能动性与受动性的统一

马克思在《1844 年经济学哲学手稿》里明确指出，"当现实的、肉体的、站在坚实的呈圆形的地球上呼出和吸入一切自然力的人通过自己的外化把自己现实的、对象性的本质力量设定为异己的对象时，设定并不是主体；它是对象性的本质力量的主体性，因此这些本质力量的活动也必须是对象性的活动。"[1]马克思、恩格斯的生态自然观告诉我们人类无法离开自然而存在，必须学会和自然和谐共处，尊重自然界的客观规律，与自然保持内在的统一性。从人与自然关系的发展进程来看，人对自然能动性与受动性的此消彼长，贯穿于人与自然关系的始终。现代社会，当人对自然的能动性超过某个临界点时，人对自然

---

[1] 马克思：《1844 年经济学哲学手稿》，中共中央马克思恩格斯列宁斯大林著作编译局译，人民出版社，2000 年，第 105 页。

的能动性越强，最终受自然的影响就越大。在科学技术飞速发展、人类的主体意识日益膨胀的今天，很容易过分夸大人对自然的能动性。认识到人与自然是能动性与受动性的统一，有利于调节人对自然的实践，从而达到人与自然的和谐。

（三）人与自然的和谐共生

顾名思义，"共生"是指共同生存发展。马克思、恩格斯的生态自然观深刻表达了人与自然相互影响，相互制约的辩证关系。正如恩格斯在《自然辩证法》中的告诫，"我们不要过分陶醉于我们对自然界的胜利。对于每一次这样的胜利，自然界都报复了我们。[①]"因此，人类要厘清自己在自然中的角色与地位，明白人和自然的关系不是对抗，而是相互依存、相互影响的。因为人类社会是自然生态系统的一个组成部分，不可避免要受自然发展规律的限制，人类的发展离不开自然。从纯生物学的角度看，自然环境可以不依赖人而独立存在，人与自然的和谐共生是符合发展规律的，"生态价值观肯定人内在于自然、融合于自然。人是自然之子，又是自然之友，人和自然有着共同的利益与命运，它倡导人类应该在促进生物圈的稳定与繁荣，促进生态环境良性循环的基础上改造和利用自然，这样才能永续发展，它认为尊重和保护自然就是尊重和保护人类自己，人应该和自然共生共荣"[②]。

二、坚持走绿色发展之路

坚持走绿色发展之路，需要完整、准确、全面贯彻新理念，实现碳达峰碳中和。实现碳达峰碳中和是以习近平同志为核心的党中央经过深思熟虑作出的重大战略决策，是着力解决资源环境约束突出问题、实现中华民族永续发展的必然选择，是构建人类命运共同体的庄严承诺。2021年10月，中共中央、国务院印发《关于完整准确全面贯彻新发展理念做好碳达峰碳中和工作的意见》，明确到2030年，经济社会发展全面绿色转型取得显著成效，重点耗能行业能源利用效率达到国际先进水平。到2060年，绿色低碳循环发展的经济体系和清洁低碳安全高效的能源体系全面建立，能源利用效率达到国际先进水平，非

---

① 中共中央马克思恩格斯列宁斯大林著作编译局：《马克思恩格斯选集》（第三卷），人民出版社，1972年，第517页。

② 钱俊生，彭定友：《生态价值观的哲学意蕴》，《自然辩证法研究》，2002年第10期，第14页。

化石能源消费比重达到 80％以上。①

实现碳达峰碳中和，需要不断向社会宣传"双碳"的相关知识，如果说科学地认识人与自然的关系是解决环境问题的理论依据，那么坚持走绿色发展之路则是从实践层面对解决当代环境问题思考后做出的科学选择。从可持续发展到绿色发展，其基本含义中都包含着一个最基本的伦理原则"公平"，"公平"在这里又包含"代内公平"和"代际公平"。从"代内公平"看，是指当代人对自然资源的享用在机会与发展方面都应该是平等的，对自然环境保护的责任是共担的。从"代际公平"看，地球只有一个，而人类必须延续生存发展，这就要求不同代的人都应该拥有与当代人同样的权利，承担同样的义务。"公平"原则明显是对当前人类的某些行为提出的指责和抗议，如对不可再生资源的过度开采、利用等。可持续发展、绿色发展都对传统发展道路说"不"，这正是生态文化所追求的目标。坚持绿色发展之路，正是为大学生态文化建设铺就的发展基石。

（一）绿色发展代表着一种新的实践观，这也是大学生态文化发展的实践基础

实践作为社会性的客观物质活动，人类是通过生产实践向自然获取最基本的物质生活资料的。在以往的人类生产实践过程中，更多的是追求经济的增长及以经济增长为唯一尺度的生产实践，生态、环境保护、社会效益容易被人类所忽视。如果缺乏伦理的参与，以"经济利益最大化"为标准，在生产实践过程中，环境的污染与破坏、资源耗费与枯竭等就成了另一种必然。而绿色发展内含的"公平"原则，就必然要求在实践中予以体现。所以，绿色发展实质是代表一种新的实践观，即有"公平"伦理范畴参与和制约的生产实践，这种新的实践观预示人类发展的一种新的路径和方向，大学生态文化发展也必定在绿色发展的实践基础上产生丰富的成果。

（二）绿色发展昭示着一种新的文化价值观的诞生与发展，这也是大学生态文化发展的价值选择

文化价值观本身属于上层建筑的范畴，它只产生于生产实践中。绿色发展将发展视为人与自然共生共处，是一种新的生产实践，必然要有相应的文化价

---

① 新华网：《中共中央　国务院关于完整准确全面贯彻新发展理念做好碳达峰碳中和工作的意见》，http://www.news.cn/politics/zywj/2021−10/24/c_1127990632.htm。

值观相适应。这种新的文化价值观是对传统的高消费、享乐主义价值观的摒弃，是把真善美真正作为人生追求的价值观。

从我国的情况看，绿色发展已被党和国家确定为重大发展战略予以实施，1994年《中国21世纪议程》的发布，是对我国在21世纪走绿色发展之路做出的科学规划和全面部署。党的十六大报告中明确指出，必须把可持续发展放在十分突出的地位。报告同时将可持续发展能力不断增强，生态环境得到改善，资源利用效率显著提高，促进人与自然的和谐，推动整个社会走上生产发展、生活富裕、生态良好的文明发展道路作为全面建设小康社会的奋斗目标之一。在中国共产党第十六届中央委员会第三次全体会议通过的《中共中央关于完善社会主义市场经济体制若干问题的决定》中，进一步提出树立全面、协调、可持续的发展观，这意味着党对发展的认识已达到了一个新的高度。

2005年8月，时任浙江省委书记的习近平同志在浙江湖州余村提出了"绿水青山就是金山银山"的理念①，明确了绿色发展的重要性。时隔两年，党的十七大报告指出要"加强能源资源节约和生态环境保护，增强可持续发展能力"②。强调了生态环境保护工作对于可持续发展的意义。走生态文明绿色发展之路，应"急民众之所急，想民众之所想，解民众之所需，充分倾听人民群众对于体面生活、美好环境的呼声，维护人民群众的环境权益，理解人民群众对于社会公平公正的追求，满足人民群众对基本民生和公共服务的需求，走一条全新的生态文明绿色发展之路"③。党的十八届五中全会提出"要坚持创新、协调、绿色、开放、共享的发展理念。这五大发展理念是针对我国发展中的突出矛盾和问题提出来的，是在深刻总结国内外发展经验教训的基础上形成的，也是在深刻分析国内外发展大势的基础上形成的，集中反映了我们党对经济社会发展规律认识的深化"④。绿色发展理念，是对当前环境问题的认识深化，坚持推进生态文明建设的内在要求。在党的十九大报告中，习近平总书记全面阐释了中国特色社会主义道路要加快生态文明体制改革，推进绿色发展，建设美丽中国的战略部署。⑤ 绿色发展经历从最初理念的提出、环境保护工作

---

① 汪浩、崔卫国：《绿色发展理念的经济学解读》，人民出版社，2022年，第1页。

② 汪浩、崔卫国：《绿色发展理念的经济学解读》，人民出版社，2022年，第23页。

③ 中共中央组织部党员教育中心：《美丽中国：生态文明建设五讲》，人民出版社，2013年9月，第7页。

④ 中共中央党史和文献研究院：《习近平新时代中国特色社会主义思想学习论丛》（第三辑），中央文献出版社，2020年，第69~70页。

⑤ 任保平等著：《新时代中国经济高质量发展研究》，人民出版社，2020年，第77页。

的落实、新发展理念的践行，再到十九大的美丽中国战略部署，体现了绿色发展正在我国政治、经济、文化等方面全方位的推进。党的二十大报告中，全面系统总结了十八大以来生态文明建设取得的举世瞩目重大成就、重大变革，深刻阐述了人与自然和谐共生是中国式现代化的重要特征，对推动绿色发展、促进人与自然和谐共生做出重大战略部署。[①] 新时代以来，我们坚持走绿色发展道路，不断推进生态文明建设和生态治理现代化，要在全社会树立社会主义生态文明观，实行最严格的生态环境保护制度，保持加强生态文明建设的战略定力，促进生态环境持续改善。

第二节　确立大学生态文化的发展理念

观念作为哲学范畴，属于意识领域，树立新的观念对解决人们的哲学世界观、方法论和价值观是非常重要的。树立大学生态文化建设发展的新观念，就是要解决大学生态文化建设的主体对于大学文化建设的世界观、方法论和价值观的问题，主要表现在以下三个方面。

一、确立大学生态文化发展新的思维方式

思维是反映客观现实的能动过程。思维方式是指主体通过概念、判断、推理等观念形式以反映客体的一种认知活动。要建设大学生态文化，首先要创新大学文化建设的思维方式，这种新的思维方式表现出来的是对于大学文化建设主体的思想观念的一次深刻变革，用含有生态理念的"生态化"的思维方式去思考大学文化建设，成为大学生态文化建设的必然要求。"生态化"有广义和狭义之分，这里的"生态化"是一个狭义的概念，就是明确地要求大学文化要思考人与自然的关系。

在工业社会，工业文明观对教育特别是对高等教育的影响是深远的，学者余谋昌认为，从文化的角度分析，世界环境的退化是传统文化所必然产生的。它具有必然性。因为传统文化，不论是哲学、宗教、教育和科学，还是经济学和社会物质生产，它们有一个共同的前提和出发点，这就是主张把人和自然分开，主张为了人的利益利用自然、征服自然、主宰自然，为人类统治自然指明

---

① 本书编写组：《党的二十大报告辅导读本》，人民出版社，2022年，第456页。

道路和提供手段。整个现代文明是在人统治自然思想的基础上发展起来的。[①]可以这样说，"非生态化"的思维方式一直影响着大学文化的发展。生态的发展离不开文化的进步，离不开对"非生态化"思维方式的变革。因此，在大学文化发展中，确定一种新的观念，即生态文明观是我国大学文化发展中的当务之急。生态文明观在大学的确定是大学生态文化建设重要的思想和理论基础。在大学，生态文明观要求要从人的全面发展的角度，更新教育理念，树立绿色发展观念，把绿色发展贯穿于学校教育教学的全过程，而生态文明观的确立是以"生态化"思维方式为基础的。

（一）树立生态意识，推进精神层面生态文化建设发展

大学精神文化是高校文化的核心，其内容主要体现在办学理念、价值追求和发展观等方面。学校的办学理念及人才培养的目标定位决定了学校的发展方向、办学模式。"生态价值观作为一种重要的价值观，属于学生思想政治教育范畴，学生生态价值观培育一体化建设是学校日常教育工作的一项重要内容。"[②] 树立生态意识，明确一个具备生态特征的、符合自身发展的、个性化的办学理念成为学校文化建设的重点。在人才培养的全过程贯彻生态理念。在显性课程中适当增加生态知识的教育；开展丰富的校园活动，充分发挥学生的个性和主观能动性，利用隐性课程培养学生的生态价值观；合理设计社会实践活动，使学生的社会实践活动真正成为协同创新的起点及解决生态问题的有效路径。

（二）建立推进绿色发展管理制度，促进高校制度层面生态文化建设

学校办学理念和办学目标的实现，根本上需要制度的保障。高校制度层面的生态文化建设，需要学校从长远利益和绿色发展理念落实的角度构建制度管理体系，使之成为学校实现绿色发展的制度保障。

（三）强化绿色生态校园环境建设，推动物质层面生态文化建设

高校校园环境是大学生态文化的物质载体。因此，需要不断强化绿色生态

---

① 余谋昌：《生态文化问题》，《自然辩证法研究》，1989 年第 5 卷第 4 期，第 5 页。
② 陈晓燕、廖成中：《生态价值观培育一体化建设的理论逻辑及实践指向》，《常州工学院学报》（社会科学版），2022 年第 6 期，第 142 页。

校园建设，提升校园环境质量，促进大学生态文化发展。如针对直接影响师生健康的校园饮用水质量，在选取饮用水时要检测其是否受到微生物污染。学校地表水在一定程度上与学校的景观效果和师生的生活环境相关，具有调节校内微气候的作用，故要检测地表水水质是否达标。另外，大学校园应当提供安静的学习、生活、科研环境，这需要全体师生的共同维护。

二、确立大学生态文化发展新的价值取向

价值是客体对于主体的需要满足与否的关系。价值观是基于人的一定思维感官之上而做出的认知、理解、判断，是人认定事物、辨别是非的一种思维或取向。不同的价值观代表着不同价值主体的利益，它从根本上决定着追求的主体方向。作为观念形态的文化，其核心是价值观，坚持什么样的文化方向，建设什么样的文化，就是坚持和倡导什么样的价值观。在当代中国，主导文化是社会主义文化，文化自觉的理论标志就是"代表中国先进文化的前进方向"。大学文化作为一种亚文化，是大学文化建设主体活动而形成价值观念。因此，社会主义大学的文化在价值取向上应该与先进文化的价值取向一致。因为先进的大学文化对师生起着重要的价值支撑、行为规范和力量整合作用，从而使学校发展规范有序、稳定进取并保持积极向上。先进的大学文化，都毫无例外地展示了当代中国主导文化的价值思想。具体地讲，大学文化的"先进性"价值取向主要应表现在以下方面。

（一）大学生态文化发展应反映世界文化的主流意识形态

大学作为社会文化和思想的中心，聚集了大量的思想者和文化精英。这部分人作为大学文化发展的主体，由于远离社会的权力中心和利益中心，能够以知识分子的立场和情感来思考社会问题，他们所演绎和创造的大学文化在某种程度上引领着社会文化的发展。在生态文化已经演化为世界文化主流意识形态的今天，社会主义大学文化发展与之并轨、融合，是大学文化发展中"先进性"价值取向的必然选择。

（二）大学生态文化的"批判性"精神的张扬

大学文化发展要融入世界文化的主流意识形态，但大学文化发展并非按照人们所设想的理想模式顺利发展，还要受社会中各种价值观、利益观的影响，有时候这种影响还会左右大学文化发展的方向。因此，大学文化的"批判性"

精神要求充分发挥大学文化的主体价值判断，对社会文化做出价值评估，对愚昧、落后、保守的现象从文化的角度加以批判，主动适应和超越社会文化，始终保持大学文化健康发展。大学文化的"批判性"精神是大学创新精神的实质，它所追求的创新与超越，正是大学在社会中保持自身地位的价值所在。批判的目的在于创造，只有高扬大学文化的"批判性"精神，生态文化才会以自身的"先进性"内涵迅速融入大学文化。

三、确立大学生态文化发展的文化品格

文化品格是在长期的文化积淀过程中所形成的独具特色的文化品性与风格。大学文化的文化品格是大学文化在发展过程中所折射出的内在品质和精神意志，大学文化的文化品格以一种无形的力量对大学中的所有成员产生影响。大学文化的文化品格的形成是社会文化与大学文化共同作用的结果。生态文化融入大学文化，一方面提升了大学文化的品位，另一方面也反映了社会发展对大学文化发展的要求。从工业文明向生态文明的演进过程中要加快大学生态文化建设，大学文化则应从塑造全面发展的人的高度去养成自己的文化品格，把"人性化"作为大学文化品格所追求的崇高目标和努力方向。

（一）铸就"以人为本"的大学文化品格的灵魂

"以人为本"，从终极意义上讲就是实现人的全面发展。工业社会中由于人脱离社会、经济、自然的总体发展需求，过分突出人的物质需求，人与自然的对立无法实现人的全面发展，导致人的片面发展。生态文化所强调的生态文明观要求人的全面发展必须注重人与自然、人与人、人与社会的全面发展，以及人的需要和人的自身持续发展的全面发展。因此，在大学文化中铸就"以人为本"，就是从人的全面发展的角度重新定位思考教育理念、教学过程、培养目标等，使大学的教育教学活动都旨在塑造全面发展的人。"以人为本"是大学文化的文化品格的灵魂，也是大学生态文化建设的核心。

（二）培育大学文化高尚的品质

高尚是品格、精神、情感的高级境界，是一个人具有良好的文明修养的标志。社会的进步要求大学培养德智体美劳全面发展的社会主义建设者和接班人，社会对大学生高尚品德的要求，实际是对大学品德教育的要求。大学生的高尚品德内涵十分丰富，其中环境道德是大学生高尚品德的重要内容，这就要

求大学教育必须以全人类、全社会及国家、民族发展为理想目标。教育学生提高环境道德，把学生的高尚品格培养放在大学教育的重要位置，这个育人过程也是大学文化高尚品质的培育过程。

第三节 挖掘大学生态文化的发展资源

一、大学生态文明教育的资源挖掘

大学生态文化发展是建立在教育实践基础上的，因此，教师在教育过程中需要遵守相关的行为准则，在对于生态文明教育资源的挖掘上也必须遵守一定的原则，因为并非所有的资源都是利于学生成长成才，利于学生身心健康的。只有符合学生发展需求、符合生态价值观教育要求的资源，才能更好地帮助大学生养成良好的生态价值理念，才能促使大学生在实践活动中将生态理念转化为实际行动，促进大学生态文化积极健康发展。

恩格斯说过，原则不是研究的出发点，而是它的最终结果。[①] 原则是从自然界与人类活动相互作用中抽离出来的，它必须符合自然界和人的认识的发展历程。在开展生态文明教育资源的挖掘过程中，必须遵循相应的原则和方法，才能更好地理解和运用它。

（一）教育性原则

作为教育者和受教育者相联系的载体，教育资源必须同时满足两者的诉求，才能在教育实践活动中发挥出最大的价值和效用。育才造士、立德树人，大学是人才的孵化园，是为国家和社会培养栋梁之材的场所。资源的教育性是"立德树人"思想的核心，缺失了这个核心，对大学生进行生态文明教育是没有"灵魂"的。因此，在挖掘生态文明教育资源的过程中，必须注重资源是否具有教育意义，这就需要从根本上把握资源挖掘的方向，明确挖掘的内容，掌握大学生价值观养成的发展规律。同时，挖掘者要紧跟国家的方针政策，了解国家对于当前大学生在生态价值观养成层面所提出的要求，及时调整挖掘的方向和范围，深度挖掘潜在的教育资源内容，以满足于社会主义现代化发展对具

---

① 叶前：《马克思恩格斯反对冒牌社会主义的斗争》，人民出版社，1975 年，第 157 页。

有良好生态素养人才的需求。

（二）针对性原则

高校进行生态文明教育的主要受众是广大青年学子。从全局来看，在挖掘生态文明教育资源的过程中，必须结合当前大学生生态文明行为习惯和社会对广大青年学子的要求，才能更好地明确资源挖掘的内容和重点。通过认真分析大学生心理健康发展状况和新时代环境下社会对于人才的需求，制定短期目标和长远计划。从社会发展的局部性来讲，每一时期国家的发展规划都有侧重点，每一阶段对于大学生也有着不同的发展需求。这就要求教育者应根据不同的社会活动选择性地探索和运用教育资源。在挖掘过程中，教育者要尽可能地从环境条件、教育对象的实际状况着手，有针对性地挖掘、组合和配置教育资源，并为不同层次的教育对象选择适当的教育资源，以促进教育资源的有效利用，最大限度地避免各种资源的闲置、浪费，增强生态文明教育资源挖掘的针对性。

（三）生活性原则

美国教育学家杜威认为，个人在社会生活中与人接触，相互影响，逐步扩大和改进经验，养成道德品质和习得知识技能的过程就是教育。理论源于实践，也只有在实践过程中，它才会具有更加强大的生命力，新兴的想法更多地产生于日常活动之中。自然是包含人在内的一切生命的摇篮，是人类的活动对象，也是赖以生存的基本条件。加强大学生生态文明教育最终落脚点是要求大学生在日常工作和生活中，能够积极主动地保护生态环境，参与环境保护监督，给后代留足生存发展空间。因此，在挖掘生态价值观教育资源时，除了要将视野上升到国家层面外，更要紧盯现实生活的发展变化。从生活出发，注重发现、挖掘生活中的生态文明教育资源，做到生态文明教育资源从生活中来，再将教育落实到生活中去。通过生活中的一些鲜明例子，对大学生进行生态环境警示教育，大学生也会因内容具有生活性而更容易吸收和接受，从而在现实生活中践行生态文明理念。

（四）整合性原则

在进行生态文明教育资源挖掘时，要确保资源的系统性、整体性和协调性。事物是相互联系的，在教育资源的挖掘过程中，也要遵循普遍联系的原则。无论是对于显性资源还是隐性资源，要提升大学生的生态素养，就必须对各种资源进行合理的调配、取舍、筛选、添加、组合，从而使生态价值观教育资源成为一种合理、可控、有序、适度的有效资源。在教学活动中，通过任何一种教育资源单独展开教育活动，都难以达到理想的教育效果。只有将各种资源进行整合，才能产生效果。

二、大学生态文明教育资源的主要内容

（一）生态文明教育思想理论资源厚重

1. 马克思主义生态观奠定了生态文明教育的理论基础

第一，人是自然界的一部分。整个世界是一个相互联系的统一整体，大到自然界中的日月星辰，小到社会中的个体，无不是存在于大大小小的系统之中。因此，在马克思看来，自然界与人类共存在一个系统之中且紧密联系。马克思在《1844年经济学哲学手稿》中明确提出了"人直接地是自然存在物"[①]。恩格斯在《自然辩证法》中也提出"我们连同我们的肉、血和头脑都是属于自然界和存在于自然界之中的"[②]。人与自然是一种协调发展的关系，因此按规律开展社会实践活动应该成为人类活动秉承的价值观念和社会行为规范。

第二，劳动是联系人类与自然的纽带。马克思主义认为，人与动物的根本区别在于人能制造和使用生产工具从事生产劳动，劳动是人类以自身活动作用于自然，调节并利用自然，以实现人与自然物质转化的过程。自然界提供的生产资料转化为能够满足人需要的社会物质财富在某种意义上又可以称之为：劳动创造了人本身。而劳动所表现出来的人类生产生活实践，尤其是以工业生产实践活动极大地破坏了自然生态环境。他们主张以社会制度的变革，改革人与土地之间的关系，实现工业与农业相结合、发展循环经济，达到社会发展与自然存在之间的合理共生，以减少环境污染和对生态造成的破坏。

第三，共产主义是自然主义与人道主义的高度统一。在资本主义制度下，以资本为主导的掠夺式发展使自然超负荷的供给，导致在生产实践活动中物质转换的断裂，而这种断裂实质上是自然和社会关系以及自然本身的异化。对于

---

① 马克思：《1844年经济学哲学手稿》，中共中央马克思恩格斯列宁斯大林著作编译局译，人民出版社，2000年，第105页。

② 恩格斯：《自然辩证法》，中共中央马克思恩格斯列宁斯大林著作编译局译，人民出版社，2015年，第314页。

这种异化，马克思提出通过联合来实现共产主义以消除在实践过程中的自然和劳动异化，构建一个自然主义和人道主义相统一的社会。① 在未来，人的劳动彻底摆脱异化，人们会自觉遵守人和自然之间的"约定"，各自协调发展，实现同自然的和解以及人类自身的和解。

2. 毛泽东思想中的环境保护观为开展生态文明教育提供了重要遵循

毛泽东思想中的环境保护观是在秉承马克思生态观，吸收人类文明史中生态文明智慧的基础上，对人和自然的关系进行了深入的思考和积极的探索，也为高校开展生态文明教育提供了重要遵循。第一，重视水利建设。毛泽东提出了"一定要把淮河修好"②"要把黄河的事情办好"③"高峡出平湖"④ 等治理、开发和保护江河的目标。以前修建的部分水库今天仍在农业生产中发挥着重要作用，大大减少了洪水对人民群众生命和财产的威胁，改善了当地人民的生活条件，也保护了自然生态环境。第二，倡导植树造林。1932 年，中华苏维埃共和国临时中央政府人民委员会第十次常会通过决议，决定实行普遍的植树运动，优化自然环境。1944 年，毛泽东同志在延安大学的开学典礼上，提出要帮助老百姓订一个植树计划，十年内把历史遗留给我们的秃山都植上树。新中国成立后，毛泽东同志发出了要"绿化祖国""实现大地园林化"的号召。第三，节约资源，变废为宝。毛泽东同志认为"浪费的损失大于贪污⑤"。在推进社会主义建设的过程中，毛泽东同志多次强调节约资源，反对浪费，并身体力行地践行。在他的倡导下，节约光荣、浪费可耻的观念蔚然成风，各个部门都十分注重资源资产的节约和经济效益间的平衡，时常开展与节约有关的活动，取得了显著的效果。

3. 邓小平理论关于人口资源环境协调发展观为生态文明教育提供了新的指引

中国共产党第十一届三中全会以后，党的工作重心转移到社会主义现代化建设，实行改革开放。在经济快速发展的过程中，人口、资源、环境要协调发展。第一，主张资源开发与节约使用相统一。资源的相对短缺和人的生产生活

---

① 中国马克思主义哲学史学会：《马克思主义哲学史研究》，人民出版社，2021 年，第 310 页。
② 尹传政：《毛泽东与新中国水利工程建设》，人民出版社，2021 年，第 83 页。
③ 尹传政：《毛泽东与新中国水利工程建设》，人民出版社，2021 年，第 1 页。
④ 尹传政：《毛泽东与新中国水利工程建设》，人民出版社，2021 年，第 37 页。
⑤ 中共中央文献研究室：《建国以来重要文献选编》（第二册），中央文献出版社，1992 年，第483 页。

需求之间的矛盾是阻碍当前经济前进的重要因素。因此，我们在资源的开发和利用时要坚持节约。水资源具有可再生性，可以建水电站代替煤炭、火力发电，但是土地资源和森林资源恢复时间和周期长，杜绝过量开荒。应对矿产资源进行综合开发并且要注重提高利用率，开采煤炭资源要提高洗煤比重，要加强煤的综合利用，坚决关闭浪费电力和原材料的企业，以保证资源的节约使用。第二，协调人口增长和资源与环境的承载能力。邓小平同志反复强调，我国的国情是"人口多，耕地少"①，未来国家的发展必须意识到这一现实。第三，环境保护要法治化、规范化。当水土流失形势严峻、环境恶化污染加重、人口资源环境问题日益突出时，环境保护必须走法律化和规范化的道路。在邓小平同志的倡议下，1981 年 12 月第五届全国人大第四次会议审议并通过了《关于开展全民义务植树运动的决议》，植树造林、绿化祖国成为每一位适龄公民应尽的义务。在高校开展生态文明教育时，应将邓小平理论关于人口资源环境协调发展观作为重要的思想指引，教育引导学生树立环境意识。

4. "三个代表"重要思想中的可持续发展观为生态文明教育拓展了新的内涵

可持续发展战略是"三个代表"重要思想的重要内容，对国家经济和社会发展产生着重要的影响，是对中国特色社会主义环境保护的继承和创新。第一，坚持环境保护与经济的可持续发展是相辅相成的。解决环境污染和破坏问题应该首先考虑经济发展模式，重整产业结构，优化产业布局，注重经济、社会和生态环境协调发展。第二，继续完善环境保护法律规章制度建设。加强法律制度建设是我国依法治国进程中加强环境保护的重要手段。1997 年，在修订《中华人民共和国刑法》时将"破坏环境资源保护罪"列入其中，表明我国依法治理、保护环境的工作已进入一个新的发展阶段。同时，动员其他一切可以动员的资源，坚持"保护环境，教育为本"，将环境保护内容纳入教育体系中，主张以科技发展支撑环境保护，提升环保质量。第三，加强环境保护国际合作。江泽民同志在 APEC 第二次领导人非正式会议上提出，"经济关系、贸易交流、科技发展、环境保护、人口控制、减灾救灾、禁绝毒品、预防犯罪、防止核扩散和防治艾滋病等诸多方面，都是全球性问题，是相互依存的，无一不需要开展合作，需要有共同遵守的规范"②。因此，我们要在维护国家和民

---

① 中共中央文献研究室　国务院发展研究中心：《新时期农业和农村工作重要文献选编》，中央文献出版社，1992 年，第 716 页。

② 江泽民：《江泽民文选》（第一卷），人民出版社，2006 年，第 415 页。

族的全局利益情况下，充分利用国外有效资源来弥补当前我国经济社会发展过程中的资源缺口，缓解我国的资源压力。同时，还要积极参与全球环境治理，携手维护好我们赖以生存的家园。

5. 科学发展观中的人与自然和谐发展为生态文明教育指明了新的方向

科学发展观是党必须长期坚持的指导思想，为解决我国资源短缺日益严重，生态环境持续恶化，人类社会的发展与良好的生态环境供给之间的矛盾提供了新的方向选择，也为高校开展生态文明教育指明了新的方向。第一，提出"生态文明"概念。党的十七大上提出了"生态文明"的概念，强调保护自然意味着保护人类本身，建设自然就是为了造福人类。第二，统筹人与自然的和谐发展。强调当前我们所追求的发展不应该是片面的、单一的发展，而应该是全面而可持续的发展。第三，大力发展循环经济。选择发展循环经济有利于缓解在社会进步过程中的资源压力，提高资源的利用率，促进我国经济社会又快又好的发展，更有利于促进人口、资源和环境的协调。第四，构建资源节约型与环境友好型社会。构建资源节约型与环境友好型社会是转变目前高耗能、低产出、高污染粗放型经济的必然路径。我们要充分认识新形势下加快建设节约型社会的极端重要性和紧迫性，坚持开发与节约并重，更好地促进环境友好型社会构建。

6. 习近平生态文明思想是新时代生态文明教育的根本遵循

习近平生态文明思想作为习近平新时代中国特色社会主义思想的重要组成部分，是新时代高校开展生态文明教育的根本遵循，其核心内容主要有以下方面：第一，注重生态思想意识培养，树立人与自然和谐共生的科学自然观。人与自然是一个和谐共生的生命共同体，自然界是人类生存与发展的基础，所以我们的生产、生活实践要在自然界可承受的范围内进行，不断提升人们的生态素养。第二，发展绿色经济，建立绿色 GDP。小康全面不全面，生态环境质量是关键。因此，社会经济的发展必须倡导绿色、循环、低碳，坚持资源节约和生态保护优先，才能实现经济发展与生态建设由"两难"变"双赢"。第三，关注民生福祉，关心百姓的基本需求。经济社会发展的最终落脚点还是为了满足人民的需要，满足人们对优美生态环境的需要是最普惠的民生福祉，让百姓的衣食住行能放心、安心。第四，坚持统筹山水林田湖草沙系统治理。在经济建设和人类社会活动过程中，必须尊重自然、顺应自然、保护自然，按自然发展规律办事，厘清自然系统的相互关系，维护生态平衡。第五，加强生态法治建设，用制度巩固生态文明成果。自党的十八届三中全会提出要加强生态文明制度建设以来，党和国家出台了一系列政策促进生态建设。第六，加强全球合作与治理，共建美好家园。生态环境保护是全球人类共同的责任。环境污染、生态恶化、进行生态修复是一项全球性难题，推动全球生态治理体系的变革需要全世界人民携手起来共同面对，通过积极开展国际合作，共商解决办法，共同建设生态良好的地球家园，才能更好地在环境保护和资源利用方面实现全球共赢。

（二）生态文明教育实践经验资源丰富

1. 新中国植树造林活动的成功实践是高校生态文明教育需要进一步坚持的实践资源

新中国成立后，为了治理黄河水患、防治水土流失、防止风沙自然灾害、改善我国的自然生态环境，党中央和团中央联合发起了新中国成立以来第一次大规模的"绿色祖国，植树造林"群众运动。1956 年，为了呼吁广大青少年为祖国的绿化事业做贡献，在五个省（区）举行了青年植树造林大会。为庆祝大会的召开，党中央特地发来了贺电，胡耀邦同志在大会上宣读了贺电内容，并做了《青年们！把绿化祖国的任务担当起来》的动员报告。随后，各地青年拉开了如火如荼的植树造林活动，部分地区政府为了提高树苗存活率，还特地组织青年学习造林技术，成立造林专业队。1979 年 2 月 23 日，第五届全国人大常委会第六次会议决定将每年的 3 月 12 日定为植树节，鼓励全国各族人民积极参与到绿化祖国、改善生态环境的活动中来，履行国民保护环境的责任和植树造林的义务，努力造福子孙后代。因此，植树造林活动还需要在大学生态文明教育中继续坚持下去，是对学生增强环境意识的成功实践。

2. "五讲四美三热爱"社会主义精神文明建设实践是高校生态文明教育需要持续深化的实践资源

20 世纪 80 年代初，党中央号召在实现"四化"建设的同时，也强调要加强社会主义精神文明建设，向全国青少年发出践行"五讲四美"的倡议。其中"五讲"，明确"讲卫生"为其一；"四美"，明确"环境美"为其一。在全社会开展的"五讲四美三热爱"活动，掀起了全民治理脏、乱、差，清除卫生死角，增加卫生设施，改善全国环境卫生状况，搞好植树、种草、栽花、爱护珍禽异兽、落实环境保护和绿化管理责任等的热潮。"五讲四美三热爱"活动积累了许多成功的经验，为新时代高校持续深化开展生态文明教育提供了帮助。

3. 高校开展林业教育实践是高校生态文明教育需要不断守正创新的实践资源

我国的林业教育起步较晚，直至新中国成立之时，全国上下没有一所独立的林业院校，只有 21 所大学或者农学院设立了森林系。从 1951 年 11 月起到 1953 年底，全国高校进行了院系的调整，建立了一批专门的、独立的林学院。1954 年 8 月，林业部成立了教育司，促使全国的林业教育逐渐走向正轨，林学院在专业设置和建设方面也更加具体和清晰。1978 年，党的十一届三中全会以后，根据国家开展现代化建设需要和生态环境的形势，把绿化祖国也定为了一项基本国策。林业教育虽然几经波折，但为培养林业专业人才做出了重要贡献，也为新时代生态文明教育，特别是培养专业化人才提供了重要的实践经验。

4. 美育教育发展实践是生态文明教育需要继续大力推进的实践资源

20 世纪初，王国维和蔡元培将美育教育作为拯救国家的方法，将其从西方引入。新中国成立后，马叙伦在第一次全国中等教育会议中提出了青年一代在智育、德育、体育、美育中全面发展，美育教育在人才培养中越来越受到重视。

5. 绿色大学建设实践是生态文明教育的实践示范

1996 年，为贯彻《中国 21 世纪议程》，国家环保局、中共中央宣传部、国家教育委员会发布了《全国环境宣传教育行动纲要（1996—2010 年)》，提出到 2000 年在全国范围内逐步开展创建"绿色学校"，初次提出了"绿色学校"这一概念。1997 年，清华大学钱易教授向学校提交了一份《关于建设生态清华园的设想和倡议》，在校内引发了很大的反响并得到了学校的大力支持。在此基础上，清华大学积极开展"绿色大学"建立探索，最终构建了以"绿色教学""绿色科研""绿色校园"为代表的"三绿工程"实践模式。1999 年，哈尔滨工业大学也响应了"绿色大学"创建的呼吁，将生态文明教育作为大学生基本素质教育的重要组成部分，并建构了"建好环境与社会研究中心，搞好理论研究推进、宣传教育推进和环境行动推进"的哈工大绿色大学建设模式。广州大学提出了"建设绿色校园，开展绿色服务，培养绿色人才，促进绿色发展"的办学理念，在此基础上开展"生态文明教育"行动计划。北京师范大学也从物质层面、制度层面和精神层面入手，将环境意识纳入学生人格养成中。各个高校都积极行动，推动绿色大学建设，有力地提升了广大师生的环境意识，对我国生态建设和环境保护做出了极大贡献。新时代生态文明教育还需要继续学习绿色大学建设实践经验，为中国特色社会主义生态文明建设培养人才。

（三）我国环境的基本国情是高校开展生态文明教育的基础资源

我国国土面积广袤，生物种类丰富。从总体态势上看，我国自然资源的种类齐全且数量大，是世界上为数不多的资源大国，但同时我国的人口基数大、资源需求大，人均资源相对贫乏。在进行高校生态文明教育时，我国环境的基本国情是最生动、最鲜活的教育资源。既要让大学生明白我国的资源丰富，但也要教育并引导大学生认识到资源的紧缺，树立资源保护与节约的意识。

1. 土地资源

2022 年度全国国土变更调查初步汇总结果显示，全国共有耕地 12760.1 万公顷、园地 2012.8 万公顷、林地 28352.7 万公顷、草地 26427.2 万公顷、湿地 2357.3 万公顷、城镇村及工矿用地 3596.7 万公顷、交通运输用地 1018.4 万公顷、水域及水利设施用地 3628.7 万公顷。

2. 矿产资源

截至 2021 年末，全国已发现 173 种矿产。其中，能源矿产 13 种，金属矿产 59 种，非金属矿产 95 种，水气矿产 6 种。

3. 森林资源

2022 年度全国国土变更调查初步汇总结果显示，全国共有林地 28352.7 万公顷。其中，乔木林地 19675.2 万公顷，竹林地 699.1 万公顷，灌木林地 5841.3 万公顷，其他林地 2137.1 万公顷。

2022 年，造林任务首次实现带位置上报、带图斑下达。全年共完成造林面积 383.0 万公顷，其中人工造林面积 120.1 万公顷，占全年造林面积的 31.4%；种草改良面积 321.4 万公顷，其中人工种草面积 120.4 万公顷，草原改良面积 201.0 万公顷。

4. 草原资源

2022 年度全国国土变更调查初步汇总结果显示，全国共有草地 26427.2 万公顷。其中，天然牧草地 21329.4 万公顷，人工牧草地 58.8 万公顷，其他草地 5039.1 万公顷。

5. 湿地资源

2022 年度全国国土变更调查初步汇总结果显示，全国共有湿地 2357.3 万公顷。其中，红树林地 2.9 万公顷，森林沼泽 220.7 万公顷，灌丛沼泽 75.4 万公顷，沼泽草地 1112.9 万公顷，沿海滩涂 149.9 万公顷，内陆滩涂 602.4 万公顷，沼泽地 193.2 万公顷。

6. 水资源

2021 年，全国水资源总量为 29638.2 亿立方米，比 2020 年减少 6.2%。其中，地表水资源量 28310.5 亿立方米，地下水资源量 8195.7 亿立方米，地表水与地下水资源重复量为 6868.0 亿立方米。

7. 海洋资源

我国海岸线长度约 3.2 万公里。其中，大陆海岸线长 1.8 万多公里，岛屿岸线长 1.4 万多公里。我国共有海岛 11000 余个，海岛总面积约占我国陆地面积的 0.8%。拥有海洋生物 2 万多种。2021 年，我国海水产品产量 3387.2 万吨，同比增长 2.2%；海洋原油产量同比增长 6.2%；海洋天然气产量同比增长 6.9%；海上风电新增并网容量 1690 万千瓦，同比增长 4.5 倍；海水淡化工程规模达 185.6 万吨/日，同比增长 12.4%。

从区域分布看，我国西部地区资源丰富，也是长江、黄河上游重要的生态屏障。以四川省为例，四川省资源丰富，部分资源在全国及西部排位靠前，见表 7-1。但资源并非是取之不尽、用之不竭的，我们需要将保护与开发结合，坚持走绿色发展的道路。

表 7-1　四川省主要资源在全国及西部排位

资源类型		在全国及西部排位
土地资源	土地面积	全国第 5 位，西部第 4 位
	耕地面积	全国第 6 位，西部第 1 位
	林地面积	全国第 2 位，西部第 1 位
	牧草面积	全国第 5 位，西部第 4 位
森林资源	森林面积	全国第 4 位
	森林蓄积	全国第 3 位

续表

资源类型		在全国及西部排位
生物资源	高等植物种类	全国第 2 位
	蕨类植物种类	全国第 2 位
	裸子植物种类	全国第 1 位
	被子植物种类	全国第 2 位
	药用植物种类	全国第 2 位
	芳香油植物	全国第 1 位
	野生果类植物	全国第 1 位
	菌类资源	全国第 1 位
	国家重点保护野生动物种类	全国第 1 位
	陆生野生动物种类	全国第 2 位
	野生大熊猫种群数量	全国第 1 位
	鸟类	全国第 2 位
水能资源	理论蕴藏量	全国第 2 位
	技术可开发量	全国第 1 位
	经济可开发量	全国第 1 位
旅游资源	国家级自然保护区数量	全国第 2 位
	世界自然文化遗产数量	全国第 2 位
	5A 级旅游景区数量	全国第 4 位
	地质公园数量	全国第 1 位
矿产资源	天然气等 14 种矿产查明资源含量	全国第 1 位
	铁矿、铂族金属等 10 种矿产查明资源储量	全国第 2 位

资料来源：《四川年鉴》2021 年卷。

第四节 在高校职能"绿色嵌入"中
促进大学生态文化发展

目前，高校职能在大学发展的内在逻辑与外部经济社会发展的共同影响下，实现了从单一向多元"功能形态"的发展演变。由于环境保护的需要与生态文明建设的推进，需要通过"绿色嵌入"将绿色发展价值意蕴赋值高校职能"功能形态"。从"功能形态"到"绿色嵌入"的价值叠加，是高校发展过程中推进生态文明建设的责任担当与价值彰显，是高校职能由功能实现到绿色赋值的发展延伸，也是大学生态文化发展的必然选择。

一、高校职能"功能形态"的发展演变与拓展

（一）高校职能"功能形态"的形成

高校作为实施高等教育的机构，高校职能可以理解为高校应有的作用或功能，这种作用或功能是高校办学方向、办学水平及责任担当在大学发展过程中的体现。高校职能一般通过不同形式的功能形态来实现。现代意义上的高校，最初的职能定位就是实现人才的培养。英国教育家约翰·亨利·纽曼在所著的《大学的理念》中写道："我是这样看大学的：它是教授普遍知识的地方。"[①]纽曼的教育思想对高校职能定位产生了重要的影响，由此也确立了人才培养在高校职能的基础地位并在以后不断得到强化。到19世纪初，德国教育家威廉·洪堡认为，无论是大学教授还是学生，都要从事研究。威廉·洪堡关于大学应该开展科学研究的教育思想不仅深刻影响了德国高校，而且对其他各国高校职能的发展也产生了深远的影响，从而奠定了科学研究"功能形态"作为高校职能的重要地位。美国威斯康星大学，以其服务社会的办学理念及显著成绩，衍生了高校职能社会服务新的"功能形态"，由此，人才培养、科学研究、社会服务三种"功能形态"基本形成。

（二）我国高校"三项"基本职能的发展

我国高等教育发展以坚持社会主义办学方向和贯彻党的教育方针为根本遵循，以完成高等教育使命为目标，始终紧跟经济社会发展，我国高校职能也经历了从组织教学、培养人才的单一"功能形态"向人才培养、科学研究、社会服务三种"功能形态"同时并存的发展演变。在新中国成立初期，我国高校办学借鉴苏联模式，强调高校的职能就是组织实施好教学，做好人才培养工作。1961年9月，在《中共中央关于讨论和试行教育部直属高等学校暂行工作条

---

① 约翰·亨利·纽曼：《大学的理念》，高师宁、何克勇、何可人等译，北京大学出版社，2016年，第1页。

例（草案）的指示》（高教六十条）中明确指出，高等学校必须以教学为主，努力提高教学质量。[①] 确立了以教学为主的高校人才培养职能定位，也奠定了高校人才培养基本职能的制度基石。我国高校科学研究的提出始于 1962 年中央财经小组和科学小组将大学的科学研究纳入国家发展计划，但直到改革开放以后，高校科学研究职能才重新被确立。1985 年 3 月，《中共中央关于科学技术体制改革的决定》中要求，高等学校和中国科学院在基础研究和应用研究方面担负着重要的任务。[②] 明确提出了高校科学研究的任务，也意味着高校被赋予了科学研究职能。同年 5 月颁发的《中共中央关于教育体制改革的决定》明确指出，高等学校担负着培养高级专门人才和发展科学技术文化的重大任务。[③] 这些相关要求和规定，进一步明确了高校应有的科学研究职能，从而使高校科学研究走上了健康发展的快车道，高校科学研究职能的充分发挥，对国家科学技术的进步及推动经济社会发展起到了重要的作用。新中国高校社会服务职能的规定，最初来源于《中共中央、国务院关于教育工作的指示》（1958 年 9 月 19 日）中有关党的教育方针的规定，党的教育工作方针，是教育为无产阶级的政治服务，教育与生产劳动结合。[④] 教育与生产劳动相结合，指明了高校社会服务的发展方向。明确将社会服务作为高校职能的政策规定则是在 1993 年 2 月颁布的《中国教育改革和发展纲要》中，该《纲要》指出，高等教育不仅担负着培养人才、发展科技文化的重大任务，还担负着促进现代化建设的重大任务，明确了高校服务于经济社会发展。至此，我国用了 44 年的时间，探索构建了高校人才培养、科学研究、社会服务三项"功能形态"的基本职能制度框架，也为我国高校实现"什么样的发展""怎么发展"确立了基本功能定位。

（三）新中国高校职能"功能形态"的拓展

高校职能的拓展，既是高校发展的内在规律与逻辑，也是外部经济社会发展对高校影响的结果。随着国家经济社会的不断发展，对高等教育改革发展的影响也越来越大。特别是 1978 改革开放以来，随着高考制度的恢复，我国高

---

① 中央档案馆　中共中央文献研究室：《中共中央文件选集》（1949 年 10 月—1966 年 5 月）（第 38 册），人民出版社，2013 年，第 40 页。

② 中共中央文献研究室：《十二大以来重要文献选编（中）》，人民出版社，1986 年，第 669 页。

③ 中共中央文献研究室：《十二大以来重要文献选编（中）》，人民出版社，1986 年，第 730 页。

④ 中央档案馆　中共中央文献研究室：《中共中央文件选集》（第 29 册），人民出版社，2013 年，第 34 页。

等教育发展走上了一条快速发展的道路，高校办学规模、办学水平、办学质量等各方面均实现提升，高等教育改革也呈现出新的态势。一方面，从加强高校内涵发展出发，提出建设一批世界一流大学和高水平大学，以不断提升高等教育质量；另一方面，从充分发挥高校在经济社会发展中的作用出发，高校职能也需要丰富和拓展。由于高校特殊的性质决定了高校在促进文化传承和创新发展中具有重要地位，随着文化软实力的加强，高校文化传承创新也越来越受到人们的重视。高校文化传承创新职能的进一步明晰，这也是对高校传承弘扬优秀传统文化，培育大学精神，发挥文化育人功能，推动社会主义先进文化建设等提出的新任务。在高校办学的过程中，国际合作交流作为一项具体工作一直在校校之间、师生之间有效开展。2015 年 11 月，在《统筹推进世界一流大学和一流学科建设总体方案》中，明确国际合作交流被纳入"双一流"建设任务，高校国际合作交流地位明显上升，这也是建设高等教育强国必须面向世界的内在要求。国际合作交流以重要使命的形式首次出现在党中央的文件中，标志着高校被赋予了国际交流合作的重要职能。从以上可以看出，高校职能与高校任务、使命是紧密相关的，虽然高校的任务、使命与职能是三个属性不同的概念，高校的任务强调的是高校的工作属性，是基于组织关系而要求应该完成的工作内容；高校的使命则突出了政治属性，是基于高等教育发展而提出的工作目标与方向；高校的职能则反映的是法律属性，是基于高校作为组织机构法定的职责与功能。但高校任务、使命、职能三者之间有着内在的逻辑关联。一方面，高校任务与使命的完成需要通过高校职能的发展与发挥来实现，高校任务与使命的变化蕴含着高校职能的对应演变，换言之，高校承担什么样的任务与使命，就应该赋予高校什么样的职能；另一方面，高校职能的发展完善与有效发挥又能进一步促进高等教育水平与质量的提升，完成其任务与使命，确保高校不断向前发展。新中国成立以来，人才培养、科学研究、社会服务、文化传承创新、国际合作交流五大"功能形态"已经成为我国高校的任务与使命。

二、高校职能"绿色嵌入"的价值意蕴与赋值叠加

高校职能"功能形态"是高校的行为选择，明确了高校应当做什么，需要实现什么样的功能，完成什么样的任务。其不是价值的预设，也不是逻辑上的蕴含，根本上体现为大学特有属性及现实社会对高校的影响。而高校职能"绿色嵌入"却蕴含的是一种价值的认定，需要在高校职能"功能形态"的基础上实现绿色发展价值意蕴的叠加，将绿色发展价值意蕴作为变量赋值于高校职能

的"功能形态"，从而使高校职能更加符合社会主义生态文明建设的需要。

（一）人才培养的"绿色嵌入"确立了高校人才培养的绿色导向

马克思与恩格斯从自然性、社会性、实践性三个方面深刻阐述了人的本质的基本属性。自然性是人生存发展的基本特征，指出了人的生物属性；社会性是人区别于其他物种的根本特征，强调人的社会属性；实践性是人生产劳动的典型特征，强调人活动的实践属性。从人的本质的基本属性出发，人才是指在生产实践中为社会进步发展做出了创造性贡献的人。人才的本质在于实践贡献。从实践的角度看，一方面突出了人才的生产劳动特征，另一方面强调实践对于人才发展的重要意义；从贡献的角度看，主要强调了人才在经济社会发展中的主体和主导作用，突出人才是经济社会发展第一资源。对全球环境问题的解决，人的问题是根本。而人才培养绿色导向的提出无疑为解决人的问题提出了新的思路。人才培养的"绿色嵌入"就是高校要在科学认识社会发展与生态文明建设的规律，科学把握教育教学规律，科学理解学生成长规律基础上，实现具有生态素养的高素质人才培养，促进高校人才培养适应经济社会发展的需要。

（二）科学研究的"绿色嵌入"确立了高校科技创新发展的伦理向度

在工业社会，科学技术的发展创造了巨大的生产力，"技术决定论"将科学技术置于不受伦理约束的危险境地，科学技术在创造生产力的同时也造成了严重的环境污染与破坏。马克思主义科学技术观一方面充分肯定技术对社会发展的影响与作用，但同时也认为科学技术应该具有生态价值，马克思曾寄语科技工作者，科学绝不是一种自私自利的享乐。有幸能够致力于科学研究的人，首先应该拿自己的学识为人类服务。[①] 科学技术应该成为人类社会创造美好生活的助推者，而不是破坏环境的帮凶。绿色科技的兴起与发展既是对以往科学技术发展方向的矫正，也是对科学技术应用的实践反思。因为基于人与自然和谐而兴起的绿色科技，不应是一个单独的科技领域，而是科技发展的全新理念。高校科学研究的"绿色嵌入"就是要将科学技术的生态价值确立为高校绿色科技的伦理向度，统领高校科学研究从而助推绿色发展。

---

① 保尔·拉法格等著：《回忆马克思恩格斯》，马集译，人民出版社，1973年，第2页。

（三）社会服务的"绿色嵌入"确立了高校参与生产实践的价值尺度

一切价值的实现都要以实践为检验。马克思主义实践观从三个方面论述了生态价值，指出人类实践活动也应该承担对自然环境保护的责任。第一，实践是人类特有的本质活动。人与自然关系是在实践中形成的。人与自然的矛盾或是和谐共生都与人类的生产实践密切相关，人类的实践活动既不应是"人类中心主义"所主张的对自然的征服与占有，也不应是"自然本体论"下人类主体性丧失以及物质活动的软弱无力，而是兼具主体与客体相互作用，主观与客观相互统一的实践活动。因此，实现人与自然和谐共生才是人类实践的题中之义。第二，实践是全部社会生活的本质。马克思认为，传统哲学更多将实践聚焦于道德价值论领域，没有将实践理解为人类改造客观世界的现实的能动性的物质活动，也就无法认识到实践不仅包括生产实践，也包括社会关系的实践。所以，当马克思提出全部社会生活的本质在于实践时，物质生产活动的基础地位才得以确立，自然的基础地位才得以被充分认识。第三，实践以自然优先为前提。人是自然界的产物，人必须依存自然才得以生存发展，相对于人类社会而言，自然理所当然具有先在性。作为人类存在前提的自然，有其自身的活动规律与法则，人类应当尊重自然规律，从而为实践活动划定了自然优先的界线。马克思主义实践观将人与自然放在一个不可分割的有机整体中，从根本上改变了人类关于自然的思维方式，推动着生产生活方式等的改变。高校服务社会的"绿色嵌入"就是将马克思主义实践观的生态价值确立为高校科技成果的输出与转化等实践应用的价值尺度，从而将高校资源优势转化为服务绿色发展的生产实践优势。

（四）文化传承创新的"绿色嵌入"确立了高校文化建设的生态意蕴

"文化是一个国家、一个民族的灵魂。"① 文化作为一种受价值观及价值体系支配的符号系统与教育紧密关联，文化影响制约着教育，教育孕育产生文化。生态文化的兴起与发展，为解决现实环境问题提供了思想文化观念的解决方案并越来越受到重视，生态文化建设对人们保护环境行为与思想观念的影响更为深远。社会主义生态文化从文化价值、文化力量、文化精神三个层面深刻

---

① 习近平：《在中国文联十大、中国作协九大开幕式上的讲话》，人民出版社，2016年，第6页。

地映射出生态文明建设的文化意蕴。从文化价值层面，要致力于在全社会形成与推进生态文明建设相适应的绿色发展理念、生态价值取向及生态道德规范；从文化力量层面，要将社会主义核心价值观与生态文明建设价值体系紧密结合，提升文化软实力；从文化精神的层面，要使中华传统生态智慧的创造性转化、创新性发展，将其作为生态文明建设的重要思想资源。社会主义生态文化以其独特的生态蕴涵、丰富的价值表现、鲜明的时代特点成为大学文化传承创新的重要内容，这也是大学文化发展的使命与担当。文化传承创新的"绿色嵌入"就是要在高校培育和建设社会主义生态文化，影响、浸润并融入学校师生的生活和精神世界，成为师生对环境保护与生态文明建设价值追求的文化表达。

（五）国际合作交流的"绿色嵌入"确立了高校绿色行动的价值规范

"教育是国家发展进步的重要推动力，也是促进各国人民交流合作的重要纽带。"[1] 全球环境问题的普遍存在已经超越一国环境治理的地域局限，共同的环境治理目标将世界各国放在同一命运共同体中。美国学者温茨从分配正义理论探讨环境方面的问题，温茨的环境正义论对解决全球环境问题提供了伦理基础。"如果在一个相对开放的社会中维持社会秩序，自愿合作显得格外重要。"[2] 他认为环境问题与生活在同一时期的人们都相关，尽管生活在不同社会。推动共建一个"清洁美丽的世界"，需要从环境正义的价值规范出发，自愿合作寻求全球环境问题的共同治理。中国作为全球环境问题治理的倡导者、实践者，充分履行了环境正义下的道德义务，在节能减排、污染防治、环境教育等方面积极响应，以实际行动承担全球环境问题治理的国际责任。在全球共筑绿色发展生态体系这一新的历史进程中，国际合作交流的"绿色嵌入"就是要将环境正义的价值规范作为高校开展绿色发展国际交流合作的行动准则与价值规范，促进高校以平等的方式共同参与全球生态体系的构建。

三、高校职能"绿色嵌入"的实践演进与时代需要

高校职能"绿色嵌入"实践演进历程与我国环境保护与生态文明建设是紧

---

[1] 习近平同俄罗斯总统普京分别向深圳北理莫斯科大学开学典礼致贺辞（2017 年 9 月 13 日），《人民日报》，2017 年 9 月 14 日第 1 版。

[2] 彼得. S. 温茨：《环境正义论》，朱丹琼、宋玉波译，上海人民出版社，2007 年，第 26 页。

密相关的，也是伴随着高校职能"功能形态"的丰富拓展，不断实现功能与价值的叠加，共同服务于经济社会发展。但"绿色嵌入"作为高校职能的赋值叠加，其实践演进有着自身的逻辑，与"功能形态"的拓展并非完全同步，但二者之间相互关联，互为补充。

（一）高校职能"绿色嵌入"的实践演进

我国高校职能"绿色嵌入"孕育于 20 世纪 70 年代，始于高校环境教育的开展，其实践演进历程大致分为三个阶段：第一阶段主要表现为环境类专业人才培养。为了加强环境保护，1973 年第一次环境保护大会召开并通过了《关于保护和改善环境的若干规定》，提出在有关大专院校设置环境保护的专业和课程，以此为标志，高校环境类专业人才培养起步。由于当时特殊的社会环境，环境专业人才培养自高考制度恢复以后才基本走上正轨，环境类专业人才培养奠定了高校人才培养职能"绿色嵌入"的发展基础。第二阶段主要表现为绿色大学的创建。1994 年颁布的《中国 21 世纪议程》提出，无论是初等教育还是高等教育，可持续发展的理念要贯穿整个教育体系，不断提高学生可持续发展意识。与此相适应，在《全国环境宣传教育行动纲要（1996—2010 年）》中提出，在全国逐步开展绿色学校创建，从而为高校创建绿色大学提供了政策环境和价值引领。如何创建绿色大学，清华大学原校长王大中认为，所谓"绿色大学"建设，就是围绕人的教育这一核心，将可持续发展和环境保护的原则、指导思想落实到大学的各项活动中、融入大学教育的全过程。[①] 建设绿色大学，开展生态文明教育，培养环境意识的高素质人才，使高校职能人才培养"绿色嵌入"在原环境类专业人才培养的基础实现了更进一步的发展，由专业教育发展到学生的素质教育。同时，在科学研究中倡导开展绿色科技，高校职能被历史地赋予了生态价值的内涵与意义。自清华大学提出建设绿色大学以后，广州大学以及北京师范大学等高校也纷纷提出创建绿色大学。高校绿色大学的创建，使高校职能的发挥更加与经济社会发展紧密联系，特别是在促进可持续发展方面发挥着重要的影响和作用。第三阶段，主要表现为生态文明价值理念引领高校"功能形态"职能发挥。生态文明作为一种新的文明形态，以尊重自然、顺应自然、保护自然为基本内涵，充分彰显了人与自然和谐共生的价值理念。2015 年《中共中央国务院关于加快推进生态文明建设的意见》提

---

① 王大中：《创建"绿色大学"实现可持续发展》，《清华大学教育研究》，1998 年第 4 期，第 7 页。

出，要"积极培育生态文化、生态道德，使生态文明成为社会主流价值观，成为社会主义核心价值观的重要内容。"[①] 以生态文明价值理念引领高校绿色行动主要有以下三方面：一是制定宏观政策进行导向。2018 年 1 月发布的《普通高等学校本科专业类教学质量国家标准》明确了自然保护与环境生态类等生态文明建设相关专业的教学标准，要培养热爱自然，具有良好的环境保护意识和自然保护方面的知识能力的专业人才。二是组织实施教育教学。截至 2017 年，全国有 147 所院校加入"中国高校生态文明教育联盟"，不断探索开展生态文明教育理论和教学方法研究，推进生态文明课程体系建设、系列教材建设、师资队伍建设和社会实践基地建设。[②] 三是开展实践活动。高校积极组织广大学生利用社会实践、青年志愿者活动及环保专业社团等，参与绿色回收进校园、物品循环利用、垃圾分类等环保活动，不断增强大学生的环境意识，树立生态文明价值观。

（二）高校职能"绿色嵌入"的时代价值

高校职能"绿色嵌入"在不同的阶段主要表现形式及内容各有不同，但绿色发展价值理念赋值高校职能不仅是高校自身发展的内在逻辑要求，也是高校遵循高等教育"为人民服务，为中国共产党治国理政服务，为巩固和发展中国特色社会主义制度服务，为改革开放和社会主义现代化建设服务"[③] 的时代需要。2017 年，党的十九大报告中，在社会主义现代化强国建设目标上加上"美丽"二字，更进一步凸显了人与自然和谐共生的绿色意蕴，也从生产、生活、生态三个维度深刻揭示了社会主义生态文明建设的内在逻辑与发展愿景。

生态文明建设事关中华民族的永续发展。党的十七大报告首次将"生态文明"作为党的政治任务在实践中推进；党的十八大明确将生态文明建设纳入"五位一体"总体布局统筹推进；加快生态文明体制改革在党的十九大被确定为建设美丽中国的战略举措。2018 年 5 月，习近平生态文明思想第一次正式提出并确立，中国特色社会主义生态文明建设有了更加完整和系统的科学理论指引，标志着生态文明建设取得了创新性的重要理论成果。在习近平生态文明

① 环境保护部：《向污染宣战：党的十八大以来生态文明建设与环境保护重要文献选编》，人民出版社，2016 年，第 21 页。

② 教育部：《关于政协十三届全国委员会第一次会议第 4268 号（教育类 419 号）提案答复的函》[EB/OL]［2020－5－18］，http://www.moe.gov.cn/jyb_xxgk/xxgk_jyta/jyta_jijiaosi/201901/t20190129_368498.html。

③ 习近平：《思政课是落实立德树人根本任务的关键课程》，人民出版社，2020 年，第 10 页。

思想指引下，我国正在走出一条生产发展、生活富裕、生态良好的生态文明之路。高校服务于社会主义生态文明建设，更加需要对高校职能进行绿色赋值，在高校职能五大"功能形态"的基础上实现"绿色嵌入"，以更高的效率完成高校的任务与使命。

四、新时代高校职能"绿色嵌入"创新路径

新时代高校职能"绿色嵌入"是高校遵循高等教育改革发展规律和适应时代需要，在不断坚守大学理想与坚持价值驱动的相互交织中，完成大学职能绿色赋值的价值叠加，构成高校适应社会主义生态文明建设需要的动力之源。因此，新时代高校职能"绿色嵌入"需要从高校供给侧改革出发，深化高校职能五大"功能形态"改革，充分激活绿色赋值变量，加快释放高校服务生态文明建设的潜能。

（一）人才培养：构建生态文明教育体系

高校高素质人才的培养，要着眼于生态文明建设的现实需要，以构建以生态价值观、节约消费观、环境法治观教育为主要内容的生态文明教育内容体系。通过生态文明教育的开展，将人与自然和谐共生的价值认同转化为大学生对生态价值观的树立和践行，不断提升大学生的生态文明素养。节约消费作为与生态文明建设要求相适应的消费模式和生活方式，也是对勤俭节约传统美德的弘扬，需要教育引导大学生养成节约的好习惯。环境法治是实现人与环境关系调节的法治过程，高校在大学生中广泛开展美丽中国环境保护法治教育宣传，引导大学生深刻认识到最严密的法律与制度是当前环境保护最有力的制度笼子。同时，从教育教学的规范性、科学性、有效性出发，着力将生态文明教育内容体制转换为课堂教学体系和实践教学体系，使大学生获得更多有关绿色发展的认知和教育。通过组织大学生参与环境资源保护等实践活动，不断增强学生推进绿色发展的责任感与使命感，努力成长为具有良好生态素养的时代新人。

（二）科学研究：推进绿色科技发展

高校开展科学研究，教师是主体，也是推进绿色科技发展的推动者。教师在开展科学研究过程中，要深刻认识到绿色科技是驱动绿色发展的重要支持与保障，推进绿色科技需要重新构建人与自然和谐共生为价值目标的新的研究范

式，自觉将科研的生态效益纳入科技创新活动的检验标准。同时，也需要建立健全绿色科技管理评价系统，确立有利于促进绿色科技发展的科研导向，支持开展绿色科技创新研究。绿色发展要科技化，科技创新也要绿色化，创新是推动绿色科技发展的主要动力，高校需要不断创新机制，加强与政府部门、企业及研究机构等的多方协同，形成政产学研用一体的绿色科技创新发展体系，为绿色科技的发展提供更多更广的空间，以产生更多的绿色科技成果。

（三）社会服务：突出绿色发展导向

高校信息资源丰富，是科学技术创新的重要发源地之一，高校科技成果的转化直接影响到高校服务绿色发展的能力以及开展科学研究的价值和意义。因此，高校需要突破促进科技成果转化服务绿色发展的瓶颈，不断完善科技成果转化机制，建立完善科技成果利益分配机制，相关部门出台赋予高校更多绿色科技成果的使用、处置和收益管理自主权的有关政策；构建绿色科技成果转化平台，突出绿色科技政策导向，建立绿色科技项目"立项—成果—转化"的一体化评价体系，引导更多的高校科研人员注重绿色科技的发展应用。同时，高校应发挥好智库作用，围绕生态文明建设开展理论与实践研究，为服务绿色发展提供决策咨询，突出应用指向。

（四）文化传承创新：培育生态文化成果

通过科学合理的总体规划，精心设计校园绿色景观，建设"绿色校园、低碳校园、节约型校园"，优化育人环境，使师生充分接受生态文化的熏陶。高校生态文化制度建设不仅是明确校内各主体的权利、义务与责任，还要根据生态文明建设要求，形成和体现绿色发展的价值判断与目标定位的制度理念，影响和规范师生的行为。高校精神文化是大学师生信仰维系与价值追求的共同表达，高校生态文化建设重点培育形成符合生态文明建设要求的价值观念、思想认识及行为规范等，并作为重要的精神文化成果深度融入立德树人的教育进程与实践，不断提升师生生态文明素养。

（五）国际合作交流：参与环境治理行动

环境保护是全人类发展的共同认识。高校环境教育开展应积极通过高校国际交流，引导广大师生关注人类共同面临的生态问题，深入推动生态文明理念的传播及环境教育的落实。同时，高校还应积极参与全球环境治理宣传，不断提升全球环境问题治理话语权，构建更广泛的利益共同体。自然生态环境是人类生存发展的基础和前提，为人类提供基本的物质需要，是人类生产生活的承载地，是世界性资源，为全人类共同享有，但同时也要求人类为环境可持续发展担负责任。高校应充分发挥优势，积极主动与其他国家的高校合作，共同参与环境治理，促进全球低碳、绿色、可持续发展。

党的二十大报告指出，要以中国式现代化全面推进中华民族伟大复兴，中国式现代化的一个重要特色是人与自然和谐共生的现代化。高校职能从"功能形态"到"绿色嵌入"赋值绿色发展，是高校参与人与自然和谐共生的现代化建设的重要体现，不仅诠释了高校服务生态文明建设由外而内的任务与要求，也注解了高校改革发展由内而外的价值与使命。在美丽中国建设的新征程中，高校承担着重要的使命，大学生态文化发展越来越富有生机与活力。

参考文献

中共中央马克思恩格斯列宁斯大林著作编译局. 马克思恩格斯选集（第三卷）
　［M］. 北京：人民出版社，1995：760.

中共中央马克思恩格斯列宁斯大林著作编译局. 马克思恩格斯文集（第一卷）
　［M］北京：人民出版社，2012：161.

中共中央文献研究室. 毛泽东文集（第6卷）　［M］. 北京：人民出版社，
　1999：475.

习近平. 之江新语［M］. 杭州：浙江人民出版社，2007：48.

中共中央文献研究室，国家林业局. 新时期党和国家领导人论林业与生态建设
　［M］. 北京：中央文献出版社，2001：2.

中共中央党史和文献研究院. 习近平新时代中国特色社会主义思想学习论丛
　（第三辑）［M］. 北京：中央文献出版社，2020：69－70.

中共中央文献研究室. 建国以来重要文献选编（第二册）［M］. 北京：人民出
　版社，1992：483.

中共中央文献研究室，国务院发展研究中心. 新时期农业和农村工作重要文献
　选编［M］. 北京：中央文献出版社，1992：716.

中央档案馆，中共中央文献研究室. 中共中央文件选集（1949年10月—1966
　年5月）（第38册）［M］. 北京：人民出版社，2013：40.

中共中央文献研究室. 十二大以来重要文献选编（中）［M］. 北京：人民出版
　社，1986：669－730.

本书编写组. 党的二十大报告辅导读本［M］. 北京：人民出版社，2022：10.

中国马克思主义哲学史学会. 马克思主义哲学史研究［M］. 北京：人民出版
　社，2021：310.

中共中央组织部党员教育中心. 美丽中国：生态文明建设五讲［M］. 北京：
　人民出版社，2013：7.

环境保护部. 向污染宣战：党的十八大以来生态文明建设与环境保护重要文献

选编［M］. 北京：人民出版社，2016：21.

汪浩，崔卫国. 绿色发展理念的经济学解读［M］. 北京：人民出版社，2022：1.

任保平，等. 新时代中国经济高质量发展研究［M］. 北京：人民出版社，2020：77.

莫放春. 马克思的生态学与生态学马克思主义研究［M］. 北京：人民出版社，2018：45.

廖福霖，等. 生态文明学［M］. 北京：中国林业出版社，2012：301.

杜秀娟. 马克思主义生态哲学思想历史发展研究［M］. 北京：北京师范大学出版社，2011：127.

江泽慧. 生态文明时代的主流文化——中国生态文化体系研究总论［M］. 北京：人民出版社，2013：28.

杨明. 环境问题与环境意识［M］. 北京：华夏出版社，2002：260.

雷毅. 生态伦理学［M］. 西安：陕西人民教育出版社，2002：58.

杜吉泽，李维香，等. 生态人论纲［M］. 北京：群众出版社，2010：76.

［美］莱斯利·A·怀特. 文化科学——人和文明的研究［M］. 曹锦清，等译. 杭州：浙江人民出版社，1988：348.

［奥］西格蒙德·弗洛伊德. 论文明［M］. 徐洋，等译. 北京：国际文化出版公司，2000：2.

［英］汤因比. 历史研究［M］. 曹未风，等译. 上海：上海人民出版社，1986：9－10.

［美］弗·卡普拉. 转折点：科学·社会·兴起中的新文化［M］. 冯禹，等译. 北京：中国人民大学出版社，1989：23.

［英］约翰·亨利·纽曼. 大学的理念［M］. 高师宁，何克勇，何可人，等译. 北京：北京大学出版社，2016：1.

［法］保尔·拉法格，等. 回忆马克思恩格斯［M］. 马集，译. 北京：人民出版社，1973：2.

［美］彼得·S. 温茨. 环境正义论［M］. 朱丹琼，宋玉波，译. 上海：上海人民出版社，2007：26.

李萌，潘家华. 中国生态文明建设与生态文化范式的重构［J］. 贵州社会科学，2021（12）：20－28.

郭永园，徐鹤. 新时代绿色大学建设实施方略［J］. 城市与环境研究，2021（4）：24－27.

蒋高明. 生态与生态系统［J］. 绿色中国，2017（5）：76－79.

董德福，桑延海. 新时代生态文化的内涵、建设路径及意义探析——兼论习近平生态文明思想［J］. 延边大学学报（社会科学版），2020，53（2）：77－84，143.

陈柯. 新时代生态文化理念的构建［J］. 宁夏大学学报（人文社会科学版），2021，43（4）：14－20.

尹刚强，李楠. 加快构建以生态价值观念为准则的生态文化体系［J］. 国家林业和草原局管理干部学院学报，2022，21（2）：3－8.

彭亚伟. 浅析中国传统文化中的生态智慧［J］. 大众文艺，2019（16）：257－258.

王黎明. 人类命运共同体视域下工业文明向生态文明的转向［J］. 广西社会主义学院学报，2021，32（5）：21－25.

王凤才. 生态文明：人类文明4.0，而非"工业文明的生态化"——兼评汪信砚《生态文明建设的价值论审思》［J］. 东岳论丛，2020，41（8）：6－15.

徐建国. 从西方大学的起源和发展看现代大学的精神内核［J］. 北方民族大学学报（哲学社会科学版），2011（2）：131－136.

李立国. 建立以人才培养为核心的高校分类体系［J］. 山东高等教育，2014，2（8）：11－22.

张淑婷，喻聪舟. 东西方比较视角下我国大学文化建设问题的审思［J］. 黑龙江高教研究，2022，40（7）：21－26.

白双翎. 新时代大学文化建设的使命及要求［J］. 理论视野，2021（8）：68－73.

汪明义. 论大学文化的内涵与本质属性［J］. 中国高教研究，2014（2）：31－34.

郭金秀. 文化生态学视野下转型地方大学文化发展研究［J］. 黑龙江高教研究，2021，39（8）：20－24.

眭依凡，俞婷婕，李鹏虎. 关于大学文化学理性问题的再思考［J］. 清华大学教育研究，2015，36（6）：1－8.

乐守红. 高等教育国际化进程中的大学文化传承功能研究［J］. 江苏高教，2021（11）：77－80.

张德祥，牛军明. 论文化治理性与大学文化治理［J］. 现代教育管理，2021（1）：1－9.

宁友金. 大学文化建设的使命追求与实践要求［J］. 山西高等学校社会科学学

报，2023，35（1）：57—62.

杨胜才，谭高贵. 以中华文化推进大学文化建设刍议［J］. 学校党建与思想教育，2022（24）：85—87.

牛军明. 大学文化治理：大学治理范式转型的重要路径［J］. 江苏高教，2022（8）：45—52.

庞杰. 大学校园环境文化建设的问题及基本思路［J］. 求知，2015（6）：43—44.

刘建荣. 大学生的生态文化认知与践履［J］. 湖南社会科学，2021（2）：9—14.

李晓菊. 生态文明建设与环境道德教育［J］. 学术评论，2014（4）：68—73.

邹丽芬. 传统生态思想视域下大学校园生态文化建设［J］. 沈阳农业大学学报（社会科学版），2014，16（2）：178—181.

王建良. 论生态校园文化的构建［J］. 中国职业技术教育，2011（35）：58—61.

蔡文艺. 构建高校生态校园的理性思考［J］. 高等农业教育，2013（6）：23—26.

于冰. "人化自然"与现代生态意识的构建［J］. 北方论丛，2011（6）：122—124.

时昌桂. 新时代大学生践行生态价值观的路径［J］. 教育理论与实践，2021，41（3）：27—30.

王晓燕. 新时代生态文明教育的逻辑与进路［J］. 思想理论教育导刊，2020（9）：122—126.

王季潇，林媛. 大学生绿色生活方式培育的生态价值观研究［J］. 教育评论，2019（10）：9—15.

魏晓亮. 加强生态文明建设与高校学生管理的共融性分析［J］. 环境工程，2022，40（12）：307.

汤文隽，何文静. 高校生态文明教育制度建设多元主体功能解析［J］. 北京印刷学院学报，2021，29（S1）：166—168.

王凤丽，杨光，王凤萍. 高校生态文明教育管理方式创新［J］. 环境工程，2022，40（10）：288—289.

王强. 关于高校生态文化教育的探讨［J］. 江苏高教，2007（2）：124—126.

刘志坚. 新时代高校生态文明教育的制度体系探析［J］. 广西社会科学，2019（3）：185—188.

王燕，吴蒙，李想. 我国高校人才培养、科学研究与社会服务效率研究——基于超效率的三阶段 DEA 模型 [J]. 教育发展研究，2016，36（1）：39−47.

李海莲. 生态理念引领下的大学文化建设 [J]. 中国成人教育，2013（19）：55−57.

张焕祯，匡颖，王智丽，等. 环境工程本科人才需求与教育教学改革研究 [J]. 环境工程，2013，31（S1）：685−687，692.

何齐宗，晏志伟. 全球视野的德育理念：目标、内容、策略及启示——基于联合国教科文组织教育文献的研究 [J]. 教育科学，2020，36（6）：7−14.

周训芳. 大学德育教育与生态文化建设 [J]. 中南林业科技大学学报（社会科学版），2012，6（2）：182−185.

邹广文，李晓白. 以儒家生态文化推进新时代生态文明建设 [J]. 孔子研究，2023（1）：53−61，158.

郭峰，孙士宏. 大学自我批判精神重塑 [J]. 教育研究，2008（3）：44−49.

冷全. 简析大学办学的功利性目的与市场行为 [J]. 教育与经济，2009（3）：43−46.

李长吾，李莉，钱强. 绿色管理理念——大学制度文化建设的新视角 [J]. 中国高教研究，2008（4）：16−18.

王续琨. 环境文化与环境文化学 [J]. 自然辩证法研究，2000（11）：33−37.

潘岳. 环境文化与民族复兴 [J]. 中国青年政治学院学报，2004（1）：26−32.

余谋昌. 生态文化是一种新文化 [J]. 长白学刊，2005（1）：99−104.

钱俊生，彭定友. 生态价值观的哲学意蕴 [J]. 自然辩证法研究，2002（10）：13−15，29.

王大中. 创建"绿色大学"实现可持续发展 [J]. 清华大学教育研究，1998（4）：8−12.

习近平. 高举中国特色社会主义伟大旗帜 为全面建设社会主义现代化国家而团结奋斗——在中国共产党第二十次全国代表大会上的报告 [N/OL]. （2022−10−26）[2023−01−26]. http://paper. people. com. cn/rmrb/html/2022−10/26/nbs. D110000renmrb _ 03. htm.

张盖伦. 实现"双碳"目标，高校这样贡献智慧 [N/OL]. （2021−10−14）[2022−10−10]. http://digitalpaper. stdaily. com/http _ www. kjrb. com/kjrb/html/2021−10/14/node _ 7. htm.

曹国永. 以习近平生态文明思想引领绿色大学建设 [N/OL]. （2018−08−06）

[2022－10－16]. https：//epaper. gmw. cn/gmrb/html/2018－08/06/nbs. D110000gmrb_05. htm.

钱理群. 北大清华再争状元就没有希望［N/OL］. （2012－05－03）［2022－10－13］. http：//zqb. cyol. com/html/2012－05/03/nbs. D110000zgqnb_03. htm.

新华社. 中共中央　国务院关于完整准确全面贯彻新发展理念做好碳达峰碳中和工作的意见［EB/OL］. （2021－10－24）［2022－10－26］. https：//www. gov. cn/zhengce/2021－10/24/content_5644613. htm.

教育部. 关于政协十三届全国委员会第一次会议第 4268 号（教育类 419 号）提案答复的函［EB/OL］. （2019－01－29）［2022－10－26］. http：//www. moe. gov. cn/jyb_xxgk/xxgk_jyta/jyta_jijiaosi/201901/t20190129_368498. htm.

附录1　中国传统生态智慧融入大学生思想政治教育的调查问卷

为了解中国传统生态智慧融入大学生思想政治教育的基本情况，我们制定了这份问卷。您无须填写姓名，所有内容我们会严格保密，仅将其用于学术研究，希望您给予大力支持。

（教师版）

一、个人的基本情况（不用填写姓名）

1. 您的学校名称是：

_____

2. 您的性别：

○男　　○女

3. 您的文化程度：

○大专　　○本科　　○硕士　　○博士

4. 您教学的课程：

○思想政治理论课　　○思想政治理论课之外的公共课

○学科基础课　　○专业课

二、中国传统生态智慧融入大学生思想政治教育的基本情况

5. 您对中国传统生态文化的态度？

○感到非常自豪

○觉得传统生态文化对现代生态文明建设没什么帮助

○觉得传统生态文化对现代生态文明建设有借鉴作用

○无所谓，事不关己

6. 您认为在校大学生是否有必要学习儒、释、道古籍原著中生态文化思想？

○有必要，是对传统文化的传承与弘扬　○没必要，不切实际

○不清楚

7. 您所在学校有没有专门开设与传统生态智慧相关的课程？

○有　○没有

8. 在所开设的课程中是否涉及中国传统生态文化的相关内容？

○有　○没有

9. 您认为学校应该开设与传统生态文化相关的课程吗？

○应该　○不应该

10. 您认为高校思想政治理论课有没有必要涉及中国传统生态文化的相关内容？

○有必要　○没有必要

11. 您所在的学校开设过关于中国传统生态智慧的专题讲座吗？

○有　○没有　○不清楚

12. 您所在学校的生态环保类社团是否开展过宣传中国传统生态文化的活动？

○有　○没有　○不清楚

13. 您认为学校从事思想政治教育的教师是否有必要对大学生进行中国传统生态文化的宣传教育？

○有　○没有

14. 您认为高校传承和发展传统生态智慧的前景如何？

○很乐观　○前景堪忧　○不清楚

15. 如果说当前高校思想政治教育中传统生态文化教育缺失，您认为有哪些原因？（可多选）

○学校不重视此方面的教育

○学生对传统生态文化不感兴趣

○传统生态文化不符合现代生活方式

○整个社会没有形成学习传统生态文化的氛围

○其他原因

16. 您认为通过什么方式能让学生接受传统生态文化知识？（可多选）

○网络、电视、报纸、图书等　○学校宣传活动

○学校的课堂教学　○学校开办的讲座　○与同学或老师交流

17. 您认为造成目前传统生态文化难以融入高校思想政治教育的原因是什么?

_____

_____

18. 您对传统生态文化融入高校思想政治教育有什么合理化建议?

_____

_____

（学生版）

一、个人的基本情况（不用填写姓名）

1. 您的学校名称是：

_____

2. 您的性别：

○男　○女

3. 您的年级：

○大一　○大二　○大三　○大四　○研一、研二或研三

4. 您的文化程度：

○大专　○本科　○硕士　○博士

5. 您的专业方面：

○文科　○理科　○艺体类

二、中国传统生态智慧融入大学生思想政治教育的基本情况

6. 您知道什么是中国传统生态智慧吗？

○知道，非常清楚　○比较了解

○从字面意义可以理解　○没听说过，完全不知道

7. 您阅读过中国传统生态文化相关的图书吗？

○有　○没有

8. 您知道的中国传统生态智慧包含哪些内容？（多选）

○天人合一　○道法自然　○万物一体　○仁民爱物　○众生平等

9. 您认为在校大学生是否有必要学习儒、释、道古籍原著中生态文化思想？

○有必要　○没必要　○不清楚

10. 您对中国传统生态文化的态度？

○感到非常自豪，但不切实际

○传统生态文化对现代生态文明建设没有什么帮助

○觉得传统生态文化对现代生态文明建设有借鉴作用

11. 您认为学校应该开设与传统生态文化相关的课程吗？

○应该　○不应该

12. 您所在学校有没有专门开设与传统生态文化相关的课程？

○有　○没有

13. 如果开设了生态文明的课程，您是否愿意选修？

○一定选　○没兴趣　○看情况再定　○为了轻松拿学分可选

14. 您所学的专业课程里有没有涉及中国传统生态文化的相关内容？

○有　○没有

15. 您所学的思想政治理论课有没有涉及中国传统生态文化的相关内容？

○有　○没有

16. 您的各科任课老师有没有在教学中涉及传统生态智慧思想这一教学理念？

○有　○没有　○不记得了

17. 您所在学校开设过关于中国传统生态智慧的专题讲座吗？

○有　○没有　○不清楚

18. 学校是否有生态环保类的社团组织？

○有　○没有

19. 您是否参加过生态环保类组织？

○有　○没有

20. 您参与过的生态环保类实践活动，是否涉及中国传统生态智慧方面的知识？

○有　○没有　○不知道

21. 您认为高校传承和发展传统生态文化的前景如何？

○很乐观　○前景堪忧　○不清楚

22. 如果说当前高校思想政治教育中传统生态文化教育缺失，您认为有哪些原因？（可多选）

○学校不重视此方面的教育

○学生对传统生态文化不感兴趣

○传统生态文化不符合现代生活方式

○整个社会没有形成学习传统生态文化的氛围

○其他原因

23. 您希望通过什么方式接受传统生态文化的知识？（可多选）

○网络、电视、报纸、图书等　○学校宣传活动

○学校的课堂教学　○学校开办的讲座　○与同学或老师交流

24. 您认为造成目前传统生态文化难于融入高校思想政治教育的原因是什么?

_____

_____

25. 您对传统生态文化融入高校思想政治教育有什么合理化建议?

_____

_____

附录 2　高校环保社团对大学生环境教育的作用调查问卷

　　为了解目前高等院校学生的环境教育现状制定本问卷，您无须填写姓名，所有内容我们会严格保密，仅将其用于学术研究，请如实填写，不要漏项！谢谢！

一、个人的基本情况（不用填写姓名）

1. 您的学校名称是：

_____

2. 您的专业是：

_____

3. 您所在社团的名称和在社团的职位是：

_____

4. 性别：

○男　○女

5. 年级：

○大一　○大二　○大三　○大四

二、环保社团的基本情况

6. 本校环保社团在学校里是否具有一定的影响力？

○有较强的影响力　○有一定的影响力　○没有影响力

7. 本校环保社团存在的最大问题是什么？

○缺乏经费　○缺乏吸引力　○团队组织结构不合理

○没有专业的指导老师　○未能开展一定规模的环保活动　○其他

8. 本校社团的活动经费主要来源是什么？

○社团成员会费　○学校相关部门拨款

○学校或社会单位、个人的捐款　○其他

9. 本校环保社团人员是否稳定？

○非常稳定　○比较稳定　○不稳定，流动性较大

10. 您本人加入环保社团的初衷是什么？

○为了保护环境　○为了认识朋友　○热爱大自然

○为了进入社团　○其他

三、环保社团在大学生环境教育中的作用

11. 您是否同意高校环保社团是大学生环境教育的重要组成部分？

○非常同意　○同意　○没有意识到该作用　○不同意

12. 您认为环保社团对大学生环境教育最有效的途径是什么？

○通过校内宣传活动　○通过环保活动带动　○通过环保知识进课堂

○通过形成一定的环保文化进行影响　○其他

13. 本校环保社团有无在校、院团委的组织下对本校大学生开展环境教育活动？

○有　○没有　○不清楚

14. 您是否认为大学生环境教育的开展会对环保社团的发展起到推动作用？

○会起到很大的推动作用　○有一定的推动作用　○无推动作用

15. 在您看来，环保社团对大学生环境教育最重要的作用是什么？

○环保知识和技能的教育　○环保意识和态度的教育

○公众参与意识的教育

四、环保社团开展的活动情况

16. 本校环保社团开展的活动，是否取得了较好的成效？

○有较好的成效　○成效一般　○没有成效

17. 本校环保社团与其他高校环保社团是否组成了联盟，实现信息资源共享？

○组成了联盟，实现了共享　○组成了联盟，但流于形式

○没有组成联盟

18. 本校环保社团是否与本地政府或相关组织协同开展过环境保护、宣传或教育活动？

○有合作开展活动，效果较好　○有合作开展活动，效果一般

○没有合作开展活动

19．本校环保社团开展的活动是否具有持续性、科学性，并取得了很好的社会反响？

○是　○否　○不清楚

20．本校环保社团开展的活动，在宣传上是否取得了较好的成效？

○取得了较好的成效　○成效一般　○成效较差　○成效很差

五、环保社团的社团文化

21．本校环保社团成立了多少年？

○5 年以内　○6—10 年　○11—15 年　○15 年以上

22．本校环保社团是否形成了有一定影响力的社团文化？

○具有较好的社团文化，有较大影响力

○有一定的社团文化，影响力一般

○基本没有社团文化，没有影响力

23．本校的校园环境怎么样？

○环境优美　○环境一般　○环境较差

24．本校环保社团是否具有自己的 LOGO、口号、团旗等标识？

○有　○无　○不清楚

25．本校环保社团是否重视社团文化建设？

○非常重视　○一般　○不重视

附录3　大学生生态环境行为调查问卷

您好，我们正在进行一项关于大学生生态伦理教育实践的调查，本问卷实行匿名制，所有数据只用于统计分析。题目选项无对错之分，请您按自己的实际情况填写，谢谢！

1. 您的性别：

○男　○女

2. 您的专业方向：

○理工类　○人文社科类　○农林医学类　○艺术体育类　○其他

3. 您目前几年级？

○大一　○大二　○大三　○大四　○研一、研二、研三

4. 您对于绿色生活方式的理解包含了以下哪些方面的内容？（多选题）

○注重环保行为的生活方式

○使用绿色产品的生活方式

○健康积极向上的生活方式

○绿色节俭消费的生活方式

○坚持绿色出行的生活方式

5. 您了解雾霾形成的原因吗？

○十分了解　○大概了解　○仅听说过　○完全不了解

6. 您知道世界环境日是哪一天吗？

○4月22日　○6月5日　○7月22日　○不知道

7. 您是通过哪种途径了解到绿色行为的？（多选题）

○学校教育　○网络　○社会实践与公益活动　○相关图书

○环保机构宣传　○家人和朋友　○其他

8. 您所在学校是否开设了与生态环境相关的课程？

○是　○否　○不清楚

9. 您认为有多少大学教师能在教学中贯彻生态思想这一教学理念？

○很多　○不多　○很少　○没有

10. 请对学校的生态环境教育的满意度做个评价，请在下表空白处打钩。

题目	选项			
	很不满意	不满意	满意	很满意
校园绿色文化塑造				
教师生态伦理知识储备				
教师授课的方式				
学校及社团举办的相关社会实践活动				

11. 您所在学校是否有与生态相关的学生社团，您是否参加过该社团的活动？

○有，参加过　○有，未参加过　○没有

12. 您是否有意愿并参加过环保活动？

○有意愿并参加过

○有意愿但暂时因为个别原因（如没有时间、不知道参与途径等）还未参加

○没有意愿但被强行要求参加

○没有意愿也没有参加

13. 当您需要扔垃圾而周围又无垃圾桶时，您会怎么做？

○随手扔掉，不管在什么地方

○没人看见时扔掉

○一直拿着直至扔到垃圾桶

14. 在购买商品时，对于标明绿色产品、可循环、低碳等相关标识产品的态度是什么？

○倾向选择购买　○无所谓　○不喜欢

15. 您觉得您个人的生态实践行为对整个社会的影响是否重要？

○重要，生态文明要从每个人做起

○不重要，个人的力量太小不构成影响

○从来没考虑过

○无所谓

16. 您平时对以下环保行为的践行如何?

题目	选项			
	一直	经常	偶尔	不会
关注环境质量、相关法律法规等				
合理设置空调温度,节约用水用纸				
购物时自备购物袋,优先选择绿色产品				
低碳出行,优先选择步行、骑行或公共交通出行				
对生活垃圾进行分类和回收处理				
不燃放烟花爆竹、不吃露天烧烤,不使用含磷洗衣粉				
不践踏草坪,不使用珍稀野生动植物制品				
参加各类环保志愿活动并提出相关建议				
劝阻、制止、举报他人破坏环境的行为				

17. 对于高校提升大学生生态行为践行度,您认为有哪些可行的措施?(多选题)

　　○配备相关社会实践活动的专业教师

　　○加大校园监督和奖惩力度

　　○和企事业单位合作相关项目

　　○出台与实践活动相关的政策和文件

　　○积极组织生态环保公益活动

　　○建立科学的评价反馈机制

　　○其他(请注明)＿＿＿＿＿＿＿＿＿＿＿＿＿＿＿＿

附录 4　新时代大学生生态价值观培育的现状调查

感谢您参加本次调查问卷活动，本调查是为了了解新时代大学生生态价值观培育的现状，问卷所得数据用于统计研究。本问卷不记名，请您如实填写，谢谢！

1. 您所在的学校：

_____

2. 年级：

_____

3. 您的专业：

_____

4. 您的年龄属于：

○00 后　　○90 后　　○80 后

5. 您能明白生态环境与人类的唇齿相依的关系吗？

○完全不知道　　○知道一部分　　○知道大部分　　○完全知道

6. 您认同"一切对生态环境不友好的行为都是不道德的体现"这一说法吗？

○完全不认同　　○认同一部分　　○认同大部分　　○完全认同

7. 您对国家濒临灭绝的动物的了解程度有多少？

○完全不了解　　○了解一部分　　○了解大部分　　○完全了解

8. 生活中您能够做到适度消费、绿色消费吗？

○完全不能够　　○能做到一部分　　○能做到大部分
○完全能够

9. 您知道中国传统文化中可以用来进行生态价值观教育的内容吗？

○完全不知道　　○知道一部分　　○知道大部分　　○完全知道

10. 您知道自然资源既有外在价值，又有内在价值吗？

○完全不知道　○知道一部分　○知道大部分　○完全知道

11. 您知道破坏环境的行为除了会受到道德的谴责外，还会受到法律的制裁吗？

○完全不知道　○知道一部分　○知道大部分　○完全知道

12. 您会因为攀比心理去购买并不在自己能力范围内的商品吗？

○完全不会　○有时会　○大部分会　○完全会

13. 您知道科技的进步与生态文明建设紧密相连吗？

○完全不知道　○知道一部分　○知道大部分　○完全知道

14. 现有课程中，教师是否会在专业课教学中穿插讲授生态价值观培育相关知识？

○是　○否

15. 您的学校是否单独开设了生态价值观培育或环境保护相关课程？

○是　○否

16. 您对校园的绿化满意吗？

○非常不满意　○满意一部分　○满意大部分　○完全满意

17. 您对生态文明理念在您所在校园的校风、教风、学风方面的体现程度满意吗？

○非常不满意　○满意一部分　○满意大部分　○完全满意

18. 您所在学校对学生有无生态文明行为准则与规范？

○有　○无

19. 辅导员和班主任是否会对您进行生态价值观教育？

○是　○否

20. 学校官网是否设置了与生态环保相关的内容？

○是　○否

21. 学校教师授课时，是否借助多媒体进行与生态环境保护相关知识的教学？

○是　○否

22. 您所在学校是否会组织学生去具有公众生态价值观教育功能的景区或者科技馆，实地教学生态文明相关知识？

○是　○否

23. 您是否愿意参与学校或社区组织的社会实践活动？

○非常不愿意　○有一部分愿意　○有大部分愿意　○非常愿意

24. 您所在的学校是否会进行环境保护榜样评选活动?
○是　○否

附录 5　世界环境日主题（2000—2022 年）

时间	主题	标志
2000 年	**世界主题** 2000 环境千年——行动起来吧	
2001 年	**世界主题** 世间万物　生命之网	
2002 年	**世界主题** 让地球充满生机	
2003 年	**世界主题** 水，20 亿人生命之所系	

时间	主题	标志
2004 年	**世界主题** 海洋存亡，匹夫有责	
	中国主题 国家环保总局首次推出世界环境日主题中国标识	
2005 年	**世界主题** 营造绿色城市，呵护地球家园	
	中国主题 人人参与　创建绿色家园	
2006 年	**世界主题** 莫使旱地变荒漠	
	中国主题 生态安全与环境友好型社会	

时间	主题	标志
2007 年	**世界主题** 冰川消融，后果堪忧	
	中国主题 污染减排与环境友好型社会	
2008 年	**世界主题** 转变传统观念，推行低碳经济	
	中国主题 绿色奥运与环境友好型社会	

续表

时间	主题	标志
2009 年	**世界主题** 你的星球需要你，联合起来应对气候变化	
	中国主题 减少污染——行动起来	
2010 年	**世界主题** 多样的物种·唯一的星球·共同的未来	
	中国主题 低碳减排·绿色生活	

时间	主题	标志
2011 年	**世界主题** 森林：大自然为您效劳	
	中国主题 共建生态文明，共享绿色未来	
2012 年	**世界主题** 绿色经济：你参与了吗？	
	中国主题 绿色消费，你行动了吗？	
2013 年	**世界主题** 思前·食后·厉行节约	
	中国主题 同呼吸·共奋斗	

续表

时间	主题	标志
2014 年	**世界主题** 提高你的呼声，而不是海平面	
	中国主题 向污染宣战	
2015 年	**世界主题** 七十亿人的梦想：一个星球，关爱型消费	
	中国主题 践行绿色生活	
2016 年	**世界主题** 为生命呐喊	
	中国主题 改善环境质量，推动绿色发展	
2017 年	**世界主题** 人与自然，相联相生	
	中国主题 绿水青山就是金山银山	

时间	主题	标志
2018 年	**世界主题** 塑战速决	
	中国主题 美丽中国，我是行动者	
2019 年	**世界主题** 蓝天保卫战，我是行动者	
2020 年	**世界主题** 关爱自然，刻不容缓	
2021 年	**世界主题** 生态系统恢复	
	中国主题 人与自然和谐共生	
2022 年	**世界主题** 只有一个地球	
	中国主题 共建清洁美丽世界	

附录6　公民生态环境行为规范十条

第一条　关爱生态环境。及时了解生态环境政策法规和信息，学习掌握环境污染治理、生物多样性保护、应对气候变化等方面科学知识和技能，提升自身生态文明素养，牢固树立生态价值观。

第二条　节约能源资源。拒绝奢侈浪费，践行光盘行动，节约用水用电用气，选用高能效家电、节水型器具，一水多用，合理设定空调温度，及时关闭电器电源，多走楼梯少乘电梯，纸张双面利用。

第三条　践行绿色消费。理性消费、合理消费，优先选择绿色低碳产品，少购买使用一次性用品，外出自带购物袋、水杯等，闲置物品改造利用或交流捐赠。

第四条　选择低碳出行。优先步行、骑行或公共交通出行，多使用共享交通工具，家庭用车优先选择新能源汽车或节能型汽车。

第五条　分类投放垃圾。学习并掌握垃圾分类和回收利用知识，减少垃圾产生，按标识单独投放有害垃圾，分类投放其他垃圾，不乱扔、乱放。

第六条　减少污染产生。不露天焚烧垃圾，少烧散煤，多用清洁能源，少用化学洗涤剂，不随意倾倒污水，合理使用化肥农药，不用超薄农膜，避免噪声扰邻。

第七条　呵护自然生态。尊重自然、顺应自然、保护自然，像保护眼睛一样保护生态环境，积极参与义务植树，不购买、不使用珍稀野生动植物制品，拒食珍稀野生动植物，不随意引入、丢弃或放生外来物种。

第八条　参加环保实践。积极传播生态文明理念，争做生态环境志愿者，从身边做起，从日常做起，影响带动其他人参加生态环境保护实践。

第九条　参与环境监督。遵守生态环境法律法规，履行生态环境保护义务，积极参与和监督生态环境保护工作，劝阻、制止或曝光、举报污染环境、破坏生态和浪费粮食的行为。

第十条　共建美丽中国。坚持简约适度、绿色低碳、文明健康的生活与工作方式，自觉做生态文明理念的模范践行者，共建人与自然和谐共生的美丽家园。

（生态环境部、中央精神文明建设办公室、教育部、共青团中央、全国妇联于 2023 年 5 月 31 日发布）